大家業を引き継ぐあなたへ

山口智輝 著

セルバ出版

はじめに

現在、不動産投資が盛んで、元々地主でない不動産大家、サラーリーマン大家といった不動産投資家が増加し、なかなか利回りのいい、資産価値の高い物件というのは、買うことが難しくなっています。

著者もサラリーマン時代に、競売で賃貸マンションを落札し、現在も賃貸経営をしています。

一方、元々地主の家系で、両親が、賃貸アパートなどの不動産を所有し、将来相続しないといけないが、全く興味がない、家賃収入、地代収入等の現金には興味があるものの、賃貸アパート等の賃貸物件には無関心であるという方も、たくさんいらっしゃいます。

ただ、現金や優良な不動産だけ相続し、それ以外の不動産や借金を相続しないということができればいいのですが、残念ながら日本の相続税制では、そのように都合のいいことは、できません。

また、賃貸アパート、マンションは、打ち出の小槌ではありませし、経営努力をしなければ、金のなる木にもなりません。しっかり入居者に価値を提供できなければ、家賃が下落し、空室が増加し、金食い虫に変化します。

その変化にいつ気がつくのか。まだ体力がある時点（家賃収入の内部留保、建物の状態）であれば、リカバリーは可能です。

しかし、2代目、3代目の大家さんが、引き継ぐまで、賃貸経営に無関心で、そのタイミングを逃すかもしれません。

本書は、将来、親から賃貸アパート、賃貸マンションを相続する予定ではあるが、関心の薄い息子さん、娘さんに向けて、対応のしかたなどを解説しています。

本書を読み終われば、将来の2代目、3代目賃貸経営者として当事者意識を持ち、課題、問題と向き合い、1歩前に進むことができるようになります。

また、基礎的な内容なので、日頃から学ばれている不動産投資家の方にとっては少し物足りない内容かもしれませんが、知っていることとできていることは大きな違いがあります。できている気になっていないか、見直すきっかけになり、今すべきことが、1つでも見つかれば幸いです。

そして、不動産の資産価値を維持し運用し、喜ばれる形で承継できる一助となれば、ありがたいです。

平成27年10月

山口　智輝

大家業を引き継ぐあなたへ　目次

第2章　入れ替わりの激しい業界

第3章　賃貸経営のしくみ

第4章　経営者マインド

第5章　引継ぎを成功させる方法(1)

第6章　引継ぎを成功させる方法(2)

第7章　引継ぎを成功させる方法(3)

第1章　父の不動産どこにありますか

1　親の土地を他人に聞く

「父の不動産どこにありますか」

不動産活用の提案営業を13年間させていただく中で、何件もこのようなお電話をいただくことがありました。「相続の手続をどうすればいいのですか」という質問ならわかるのですが…。

さらに、同居もしくは、敷地内に自宅があるケースがほとんどです。

もちろん、賃貸マンション、アパート等の融資手続をしていれば、その方の資産を把握しておりますので、お答えさせていただきます。

しかし、そのような質問をされるくらいなので、おそらく、父親がどのような思いで、数千万円、数億円の借入をし、相続対策をしたのか、その賃貸経営はどのような状況なのか、把握されていないことが、伝わってきます。

借入時に保証人になられていますので、そのような事業をされていることはわかっていても、親の代だから、ノータッチ、無関心の状況です。

でも、相続放棄でもしない限り、資産だけでなく、借入も相続人が引き継ぐことになります。

相続税対策の王道として、賃貸マンション、アパート経営があり、大きく相続税を圧縮しようと思うと、基本的には、不動産をどうするかということになりますが、あくまでも、適正な賃貸経営があった上での相続対策でなければいけません。

適正な収益性がなければ、相続税対策はうまくいったが、その後の賃貸経営で失敗し、不動産をとられてしまい、最悪の場合、借金を返しきれず、自己破産にということになります。大きく見ると、相続破産といえるのではないでしょうか。

相続対策として借金をしないといけないということで、フルローンで新築アパート、マンションを建てていることが多いです。これは、相続が終わっても返し続けないといけない借金です。

そして、その借金を返し続けるのは、父親ではなく相続した息子さん、娘さんなのです。その額は、サラリーマン収入で返済できるような額ではないことが、ほとんどです。

親子でコミュニケーションをとりながら、そして親子で学び、賃貸経営の意思決定をしていくことが手遅れにならないためにも、とても大事です。

以前は、賃貸経営は不労所得といわれていました。しかし、総人口は、２００６年をピークに減少しています。

世帯数も２０１９年をピークに減少すると予測されています。

そして、すでに空室が８２０万戸という現状を冷静に判断すれば、不労所得ではなくなったことは明らかです。

「一括借上ですべてお任せ。大家さんは毎月、通帳の入金確認だけしていればいいです」―という営業トークを信じている場合ではないのです。

【図表１　総人口・人口増加率の現状と将来の推計】

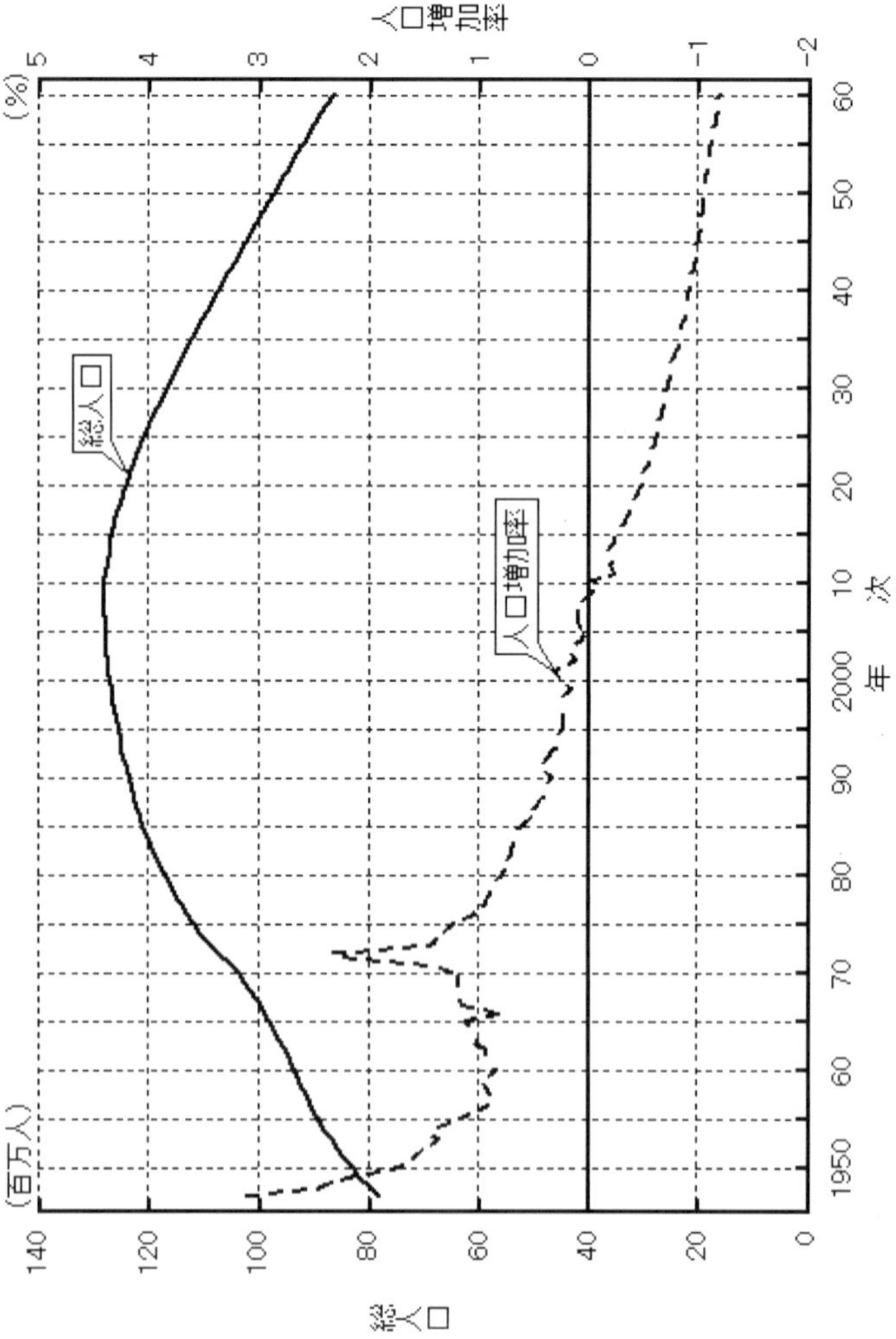

出所：総務省統計局「国勢調査」、国立社会保障・人口問題研究所「日本の将来推計人口」による。

【図表２　一般所帯数の将来推計】

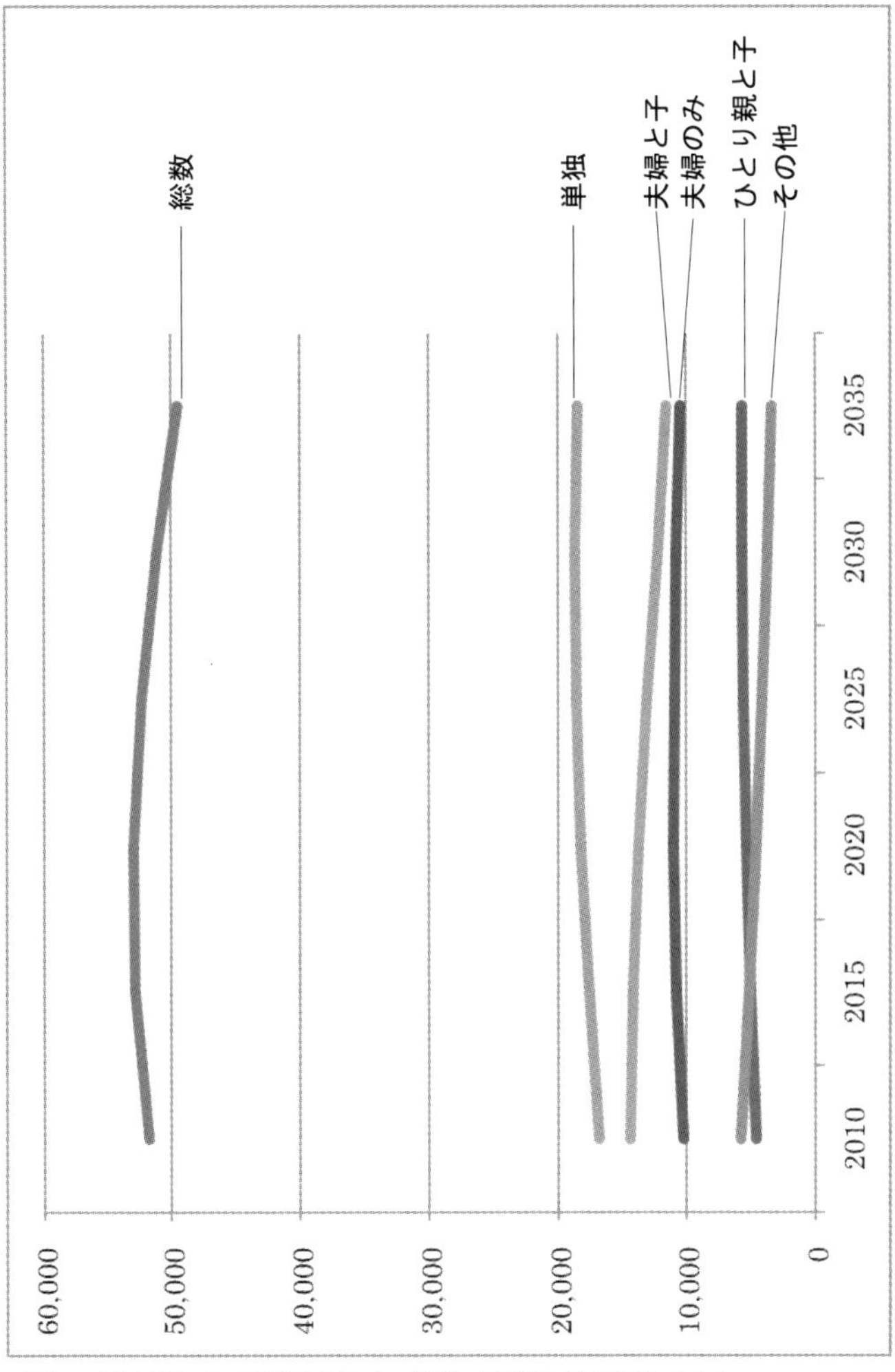

出所：国立社会保障・人口問題研究所「日本の世帯数の将来推計（全国推計）」による。

【図表３　相続開始からの手続】

相続の開始（本人死亡）

↓

通夜、葬儀

↓

遺言書の有無の確認

↓

四十九日法要

↓

相続人の確定

↓

相続財産の調査

↓

相続放棄、限定承認、単純承認の選択　▼ 3か月以内

↓

準確定申告　▼4か月以内

↓

遺産分割協議、遺産分割協議書作成

↓

相続税の申告、納付　▼10か月以内

↓

遺産の名義変更手続

↓

一周忌法要

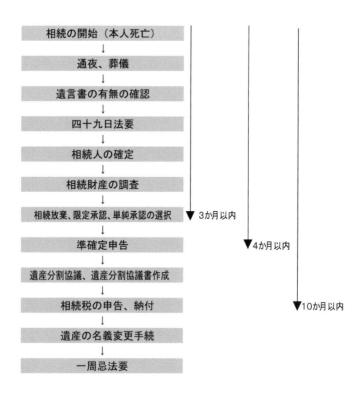

2　いまだに土地神話

土地神話は、遠い昔の話ですが、いまだに土地神話の復活を信じている高齢者の方は多いです。

もちろん、東京などの一部の都心部では、土地の価格が上がることもあります。しかし、地方都市では、特殊要因で、限定した地域が上がることはあっても、全体的に上がることはないでしょう。

景気のせいで地価が下がっているのではなく、少子高齢化、人口減少によりモノを買わない高齢者が増え、モノを生産する人口（生産年齢人口）の減少による構造的なものです。

「土地神話」の復活を信じている人もいまだにいますが、再び、地方都市で地価が上がることは特殊要因のある限定地域以外、ほぼあり得ません。

まだ、値段が付くだけましで、その後の固定資産税等のランニングコストを考えると、いくら値段を下げても買い手がいないという状況になりつつあります。何もしないと不動産が知らない間に資産ではなく、死産、負動産に変わってきています。

しかし、土地神話を生きた世代は、賃料収入のインカムゲインではなく、売買差益のキャピタルゲインを生きた世代です。不動産があれば倍々ゲームで、増えていきました。「今まで身内の家を7軒建ててやった」「今まで、3回、自宅建てた」そんな羨ましい話も聞きます。

その世代の方は、今は地価が下がっている時期で、また上がる時期がくると信じている方もかなりいます。

また、先祖代々受けついだ土地を自分の代で減らすわけにはいかないと頑張ってる方も地方には多いです。質素な生活をしながら、土地を守っている。しかし、以前は、何もしなければ3代で資産がほとんどなくなるといわれていました。

２０１５年の相続税改正で、さらに厳しくなり、3代もたないといわれています。そのような時代では、考え方を少し変えなければいけないのではないでしょうか。

地主さんのお話を聞いていると、先祖代々受け継いだその土地、そして広さが、判断基準になっているようです。

しかし、その後の家族、一族の繁栄、幸せを考えると、広さではなく、土地の価値を判断基準にしたほうがいいのではないでしょうか。

確かに、近所の人からは、「あの人の代で田んぼを減らした」と言われるかもしれません。陰口をたたかれるかもしれません。しかし、時代とともに人の価値観は変わります。いろいろ言われても、先頭に立って行動するか、もしくはお尻に火がついてから焦って行動に移すか、どちらがいいでしょうか。

資産価値、利用価値の低い不動産を、資産価値、利用価値の高い不動産に組み替えていくということは、とても前向きな行動ではないでしょうか。

土地にこだわる生き方は、いいですが、土地に縛られる生き方は幸せなのでしょうか。

【図表４　地価全国ランキング（平成 26 年）】

都道府県名	㎡当たり	坪当たり	前年比	
1位 東京都	80万1162円/m	264万8469円/坪	4.06%	
2位 神奈川県	23万2004円/m	276万6955円/坪	2.00%	
3位 大阪府	23万0937円/m	276万3428円/坪	4.57%	
4位 京都府	17万0160円/m	256万2512円/坪	0.34%	
5位 愛知県	14万9455円/m	249万4066円/坪	3.35%	
6位 埼玉県	13万7977円/m	245万6122円/坪	0.96%	
7位 兵庫県	13万3529円/m	244万1418円/坪	0.82%	
8位 千葉県	10万5866円/m	234万9970円/坪	0.81%	
9位 広島県	10万3365円/m	234万1702円/坪	−0.35%	↘
10位 福岡県	9万6482円/m	231万8948円/坪	0.57%	
11位 静岡県	8万7862円/m	229万0452円/坪	−0.76%	↘
12位 宮城県	7万8323円/m	225万8919円/坪	3.30%	
13位 奈良県	7万4720円/m	224万7008円/坪	0.68%	
14位 沖縄県	7万3355円/m	224万2495円/坪	0.49%	
15位 愛媛県	6万0270円/m	219万9239円/坪	−2.95%	↘
16位 石川県	5万8215円/m	219万2446円/坪	−0.49%	↘
17位 滋賀県	5万6673円/m	218万7348円/坪	0.81%	
18位 熊本県	5万5505円/m	218万3487円/坪	−0.14%	↘
19位 岡山県	5万2437円/m	217万3345円/坪	−0.39%	↘
20位 鹿児島県	5万2434円/m	217万3335円/坪	−0.18%	↘
21位 高知県	5万2014円/m	217万1947円/坪	−3.43%	↘
22位 岐阜県	5万0483円/m	216万6885円/坪	−0.46%	↘
23位 和歌山県	4万9744円/m	216万4442円/坪	−2.52%	↘
24位 香川県	4万8534円/m	216万0442円/坪	−0.92%	↘
25位 徳島県	4万8411円/m	216万0036円/坪	−3.85%	↘
26位 長崎県	4万5881円/m	215万1672円/坪	−1.13%	↘
27位 富山県	4万5701円/m	215万1077円/坪	−0.43%	↘
28位 福井県	4万5165円/m	214万9305円/坪	−2.34%	↘
29位 三重県	4万3623円/m	214万4208円/坪	−0.65%	↘
30位 栃木県	4万1828円/m	213万8274円/坪	−1.49%	↘
31位 大分県	4万1817円/m	213万8238円/坪	−2.26%	↘
32位 新潟県	4万1470円/m	213万7090円/坪	−1.88%	↘

33位	群馬県	4万0970円/m	213万5438円/坪	-1.90%	⤵
34位	長野県	3万9723円/m	213万1315円/坪	-2.14%	⤵
35位	北海道	3万8567円/m	212万7494円/坪	0.65%	
36位	茨城県	3万7032円/m	212万2419円/坪	-1.22%	⤵
37位	山口県	3万5482円/m	211万7295円/坪	-3.33%	⤵
38位	山梨県	3万5245円/m	211万6512円/坪	-3.06%	⤵
39位	宮崎県	3万3729円/m	211万1500円/坪	-1.24%	⤵
40位	岩手県	3万3287円/m	211万0039円/坪	-1.05%	⤵
41位	島根県	3万1666円/m	210万4680円/坪	-2.82%	⤵
42位	鳥取県	3万1099円/m	210万2806円/坪	-3.95%	⤵
43位	佐賀県	3万0671円/m	210万1391円/坪	-2.57%	⤵
44位	福島県	2万9972円/m	29万9080円/坪	1.70%	
45位	山形県	2万7478円/m	29万0836円/坪	-0.93%	⤵
46位	青森県	2万5103円/m	28万2985円/坪	-3.74%	⤵
47位	秋田県	2万1531円/m	27万1176円/坪	-4.55%	⤵

出所：土地代データ

【図表５　全国高価格ランキングトップ10】

第1位	東京都中央区銀座4	3380万0000 円/m2	1億1173万5537 円/坪	14.19%	公示地価
第2位	東京都千代田区丸の内2	3060万0000 円/m2	1億0115万7024 円/坪	6.62%	公示地価
第3位	東京都中央区銀座5	2940万0000 円/m2	9719万0082 円/坪	12.64%	公示地価
第4位	東京都中央区銀座2	2430万0000 円/m2	8033万0578 円/坪	13.02%	公示地価
第4位	東京都中央区銀座7	2430万0000 円/m2	8033万0578 円/坪	13.55%	公示地価
第6位	東京都千代田区大手町2	2340万0000 円/m2	7735万5371 円/坪	6.36%	公示地価
第7位	東京都新宿区新宿3-24-1	2280万0000 円/m2	7537万1900 円/坪	9.09%	公示地価
第8位	東京都新宿区新宿3-30-11	2200万0000 円/m2	7272万7272 円/坪	10.55%	公示地価
第9位	東京都千代田区大手町1-7-2	2190万0000 円/m2	7239万6694 円/坪	6.31%	公示地価
第9位	東京都千代田区丸の内3-3-1	2190万0000 円/m2	7239万6694 円/坪	6.31%	公示地価

出所：土地代データ

【図表６　全国上昇率ランキングトップ10】

第1位	北海道虻田郡倶知安町字旭	150 円/㎡	495 円/坪	50.00%	基準地価
第2位	福島県いわき市泉もえぎ台1丁目	3万5000 円/㎡	11万5702 円/坪	17.06%	公示地価
第3位	石川県金沢市広岡	34万3000 円/㎡	113万3884 円/坪	17.06%	公示地価
第4位	愛知県名古屋市中村区椿町	229万0000 円/㎡	757万0247 円/坪	16.84%	公示地価
第4位	宮城県石巻市鹿又字用水向	2万8000 円/㎡	9万2561 円/坪	16.67%	基準地価
第6位	福島県いわき市平下荒川字久世原	4万6000 円/㎡	15万2066 円/坪	15.00%	基準地価
第7位	東京都中央区銀座4	3380万0000 円/㎡	1億1173万5537 円/坪	14.19%	公示地価
第8位	福島県いわき市草木台2丁目	4万7300 円/㎡	15万6363 円/坪	13.98%	公示地価
第9位	東京都中央区銀座7	2430万0000 円/㎡	8033万0578 円/坪	13.55%	公示地価
第10位	福島県いわき市泉ケ丘1丁目	3万5700 円/㎡	11万8016 円/坪	13.33%	公示地価
第10位	神奈川県川崎市中原区新丸子東2丁目	81万6000 円/㎡	269万7520 円/坪	13.33%	基準地価

出所：土地代データ

【図表７　全国下落率ランキングトップ10】

第1位	熊本県天草市河浦町河浦字榎ノ尾	13 円/㎡	42 円/坪	13.33%	基準地価
第1位	熊本県人吉市木地屋町字真萱	13 円/㎡	42 円/坪	13.33%	基準地価
第3位	長崎県西彼杵郡長与町本川内郷字下木場	87 円/㎡	287 円/坪	12.97%	基準地価
第4位	熊本県上天草市松島町教良木字山ノ口	14 円/㎡	46 円/坪	12.50%	基準地価
第5位	和歌山県有田郡有田川町大字糸川字岩原	49 円/㎡	161 円/坪	12.01%	基準地価
第6位	千葉県我孫子市布佐酉町	3万5000 円/㎡	11万5702 円/坪	10.94%	公示地価
第7位	秋田県にかほ市平沢字井戸尻	4900 円/㎡	1万6198 円/坪	10.91%	基準地価
第8位	秋田県横手市安田字谷地岸	5100 円/㎡	1万6859 円/坪	10.53%	基準地価
第9位	兵庫県南あわじ市松帆古津路字西原	1万1500 円/㎡	3万8016 円/坪	10.16%	基準地価
第10位	兵庫県南あわじ市阿万東町字クノモト	9900 円/㎡	3万2727 円/坪	10.00%	基準地価
第10位	岩手県八幡平市野駄	50 円/㎡	165 円/坪	10.00%	基準地価
第10位	熊本県球磨郡球磨村大字神瀬丁字池窪	9 円/㎡	29 円/坪	10.00%	基準地価

出所：土地代データ

3　その不動産は資産？　負債？

簡単に資産と負債の定義をすると、次のようになります。

資産とは、自分の財布にお金を入れてくれるもの。負債とは、自分の財布からお金を奪っていくものとすることができます。

あなたの不動産は、資産でしょうか、負債でしょうか。

何もしていない土地は、まず、維持するために固定資産税、都市計画税がかかります。また、草刈り等に要する費用もかかります。すべてあなたの財布からお金を奪っていきます。

ただ、土地の価値（地価）が上がっていけば、将来売却したときに、奪われたお金以上にお金を入れてくれるので、資産ということができるでしょう。でも、一部の都心部を除き、ほとんどの場所で、土地の価値は下がっているのではないでしょうか。

仮に土地の価格が、横ばい（地価上昇率が0％／年）とした場合、資産価値どうなるのでしょうか。

【図表8　設例】

路線価	30万円／坪
実際の取引価格	38万円／坪

土地の面積　　　　　１００坪
売却時の税率　　　　20％
※　先祖代々の土地で取得価格不明
土地は、何も使わない場合、69年で消えてしまいます。なぜでしょうか。
　土地に毎年課税される固定資産税と都市計画税は、次のように計算されます。
固定資産税　　土地の固定資産税評価額の１・４％
都市計画税　　土地の固定資産税評価額の０・３％
　　　　　　＊標準税率

　土地の固定資産税評価額は、公示価格の約70％（相続税路線価は80％）とされているので、原則どおりに「公示価格＝実際の取引価格」であれば、毎年の固定資産税と都市計画税は、実際の取引価格を１００とすると１・１９になります。

（１００×０・７×０・０１７）

　また、土地を売却すると、売却益に対し20％の税金（所得税15％、住民税５％）が課税されます（所有期間が5年を超える場合）。先祖代々からの土地のように取得時の価格が不明なものについては、売却価格の５％が取得価格とみなされますので、そのような土地だと売却価格を１００とすると、手取りは次のようになります。

【図表９　売却時の手取額と固定資産税累計額】

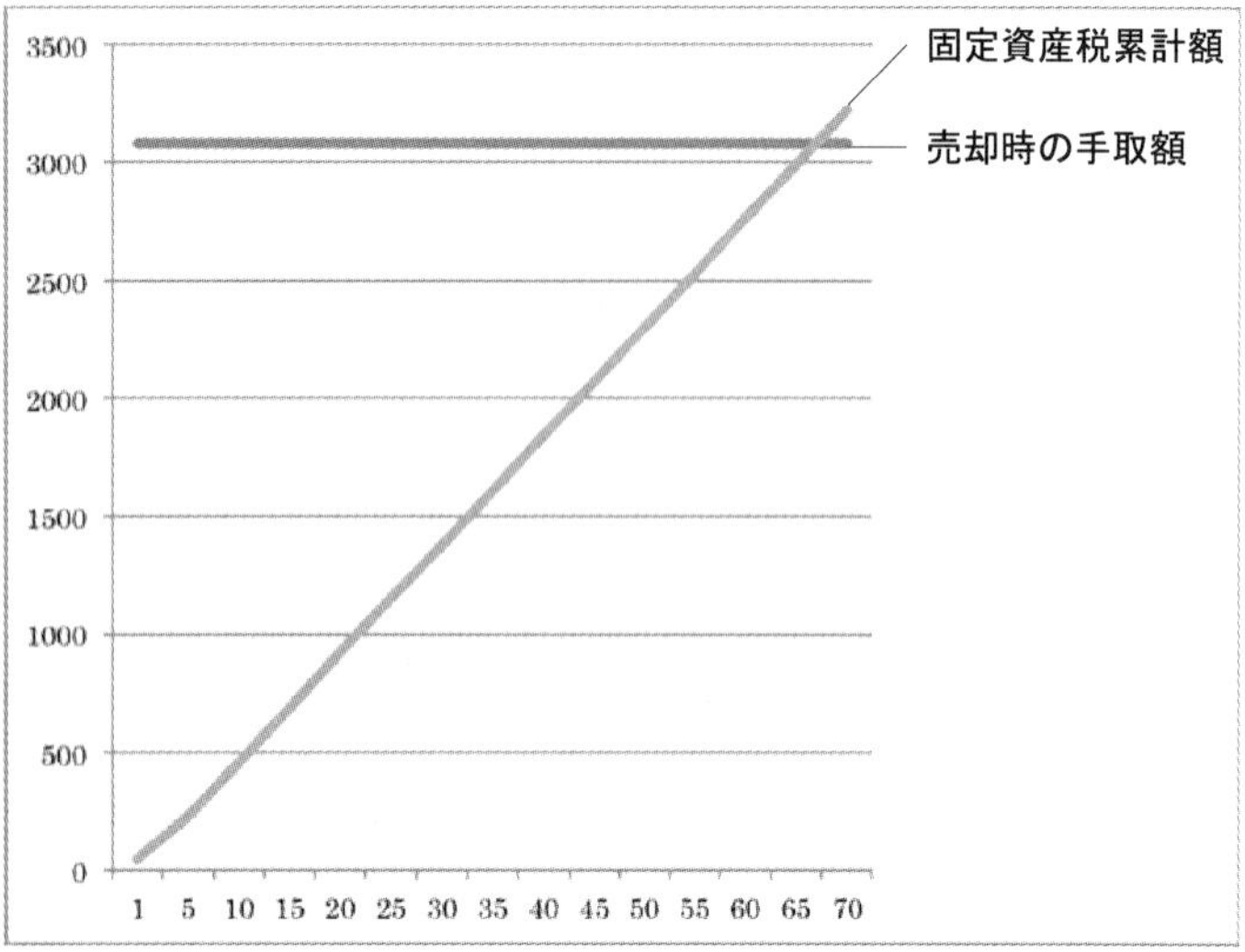

手取り＝売却価格　１００－｛売却価格１００×（１－０・０５）×０・２｝＝81

　このように、売却価格１００の土地の実際の手取りは、81しかないということになり、これを毎年の固定資産税＋都市計画税の１・９で割ると、68・06年でその土地は消えてしまう（所有していないのと同じ状態になる）という計算になるのです。

（以上は、地価も売却時の税率も今と同じでずっと推移した場合です）。

　実際には、今後の地価の推移や、今後の売却時の税率の動き、路線価と実際の取引価格との差などによって年数は変わってきます。

　もし、地価上昇率が、▲５％だと、図表10のように30年で消えてしまいます。

　また、現在の売却時の税率（５年以上）は、過去最低の20％ですが、特別に低く設定さ

【図表 10　地価上昇率が－５％の場合の売却時の手取額と減価償却累計額】

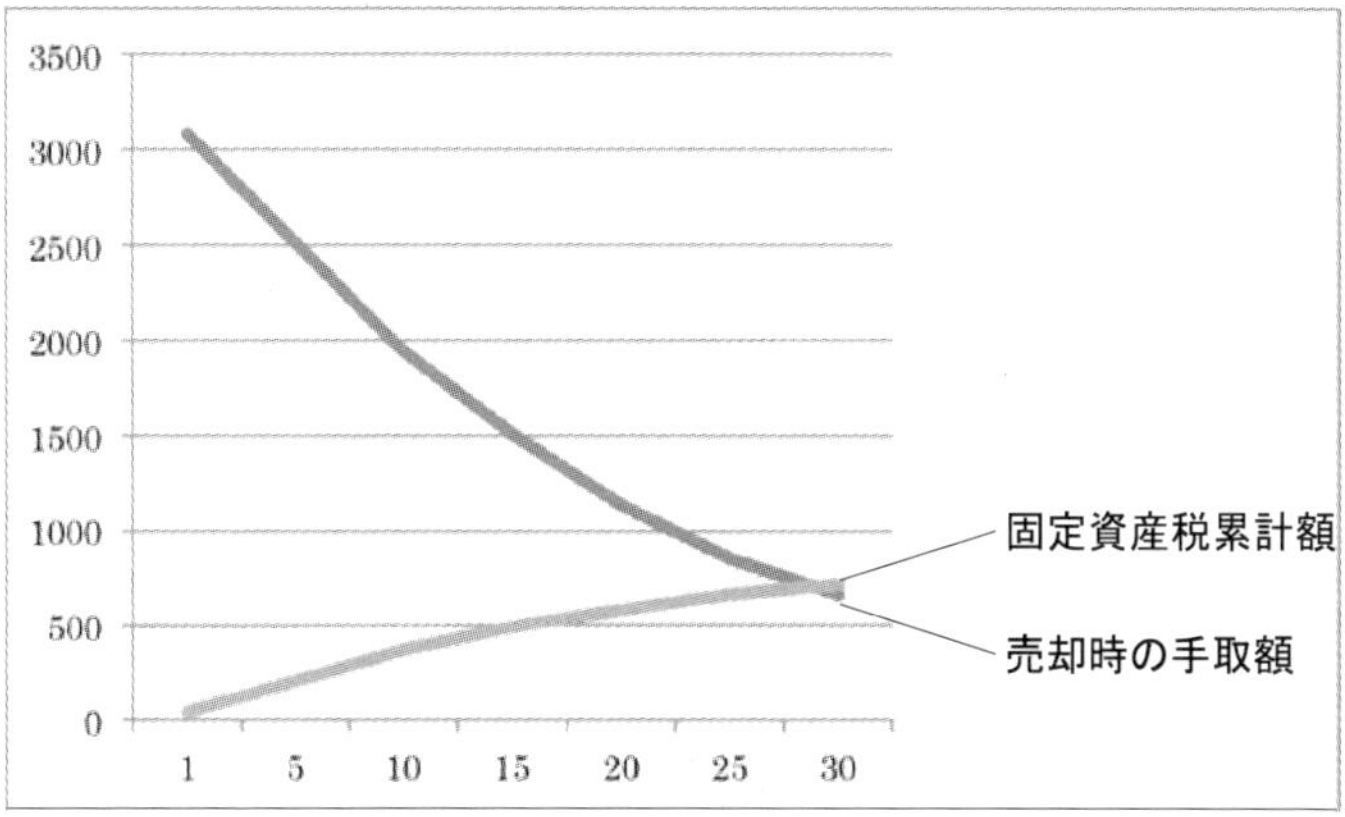

【図表 11　福井市松本の基準地価の推移】

年	基準地価	前年比（%）
2000	545,454 円/坪	▲7.30
2001	502,479 円/坪	▲7.88
2002	442,975 円/坪	▲11.84
2003	390,082 円/坪	▲11.94
2004	376,859 円/坪	▲3.39
2005	366,942 円/坪	▲2.63
2006	357,024 円/坪	▲2.70
2007	350,413 円/坪	▲1.85
2008	343,801 円/坪	▲1.89
2009	330,578 円/坪	▲3.85
2010	317,355 円/坪	▲4.00
2011	303,471 円/坪	▲4.38
2012	290,909 円/坪	▲4.14
2013	284,297 円/坪	▲2.27
2014	280,991 円/坪	▲1.16

れた税率ですので、将来的には、過去の税率に戻っていく可能性が高いです。ちなみに過去もっとも長く適用された税率は26％で、最高は39％になります。

39％で計算すると、27年で消えてしまいます。

ちなみに、筆者が住んでいる福井市の場合、比較的いい場所（福井市松本）でも、図表11のように約15年で基準地価が半分になっています。

【図表12 設例】

路線価　22・8万円／坪
実際の取引価格　28・5万円／坪
土地の面積　100坪
売却時の税率　20％

この場合、土地の価値は35年で消滅します。
また、毎年1％ずつ地価が値上がりするとして、次の土地は今売るのがいいのでしょうか。
それとも10年後に売るのがいいのでしょうか。

土地　80坪
坪単価　30万円
※売却益に対する税率は今も10年後も同じとします。

① 今すぐ売却の場合
売却価格　2，400万円－譲渡税　456万円＝1，944万円
手取額　1，944万円

② 10年後に売却した場合
売却価格　2，651万円－譲渡税　504万円－10年間固定資産税　296万円＝1，851万円

手取額　１，８５１万円

③　結論

今すぐ売却した場合の手取額　１，９４４万円－10年後売却した場合の手取額　１，８５１万円＝93万円

10年後に売却したほうが、93万円の損です。

10年間の土地運用利回りは、▲０・39％です。

毎年１％上がる土地でも損をするということは、毎年現状維持、もしくは下がる土地の場合は…。

４　入居が決まったら替えます

「入居が決まったら替えます」。

空室のクロスが経年劣化で汚れているので、入居者を決めるためにも、クロスの貼り替えをと提案したところ、右記の返事でした。

メラビアンの法則によると、初対面の人の第一印象は、３秒で決まるらしいです。

そして、その第一印象を決める一番のポイントは、視覚（見た目）の55％です。

相手に好印象を与えるポイントとして、笑顔、身だしなみがしっかりしている、清潔感がある等です。

ちなみに、話の内容（言語情報）は、7%しかありません。

これは、部屋にも同じことがいえるのではないでしょうか。玄関ドアを開けた3秒ほどで、検討に値する部屋なのか、この部屋で楽しい未来を想像できるのか、家賃以上の価値を感じられるのか。たとえ入居後にクロスを替えるといわれても、数秒で明るい未来が想像できない部屋であれば、営業マンが素晴らしい営業トークをしても、入居者の気持ちは、次の部屋に行っています。

ひどい部屋だと、案内に行っても、玄関で、靴を脱がず、「もういいです。次の部屋お願いします」と、中に入りません。3秒で選択肢から削除されています。

また、人間は、五感が得る情報のうち、87%を視覚に頼っています（図表13）。さらに、その視覚情報のうち55%を色、45%を形で判断しているといわれています。

多額の費用を使い、最新の設備に入れ替えればいいのですが、あまりお金をかけれないことが多いと思います。その場合、カラープランニングを活用することが効果的です。

以前は、多くの入居者に受け入れられる無難な色が主流でした。しかし、需要より供給が多く、部屋が余っている現在においては、誰にでも選ばれる部屋のはずが、誰からも選ばれない部屋になってしまっています。

どのような入居者に住んでほしいのかコンセプトを明確にし、ある程度エッジの効いた部屋のほうが、家賃の値下げ競争に巻き込まれないです。

極論を言えば、10人のうち９人の入居者に嫌われても、１人の入居者に、「この部屋に住みたい！」と言われる部屋づくりを目指したほうが、いいです。

まれに、30代独身男性をターゲットにした男部屋に20代独身女性の入居が決まったこともありますが、結果オーライということで…。

ちなみに、ベーシックカラー（基調色）、サブカラー（副調色）、アクセントカラー（強調色）を選択し、ベーシックカラーを全体の70％、サブカラーを全体の25％、アクセントカラーを全体の５％の割合で使うと、センスよくまとまりやすくなります。

【図表13　五感を得る情報の割合】

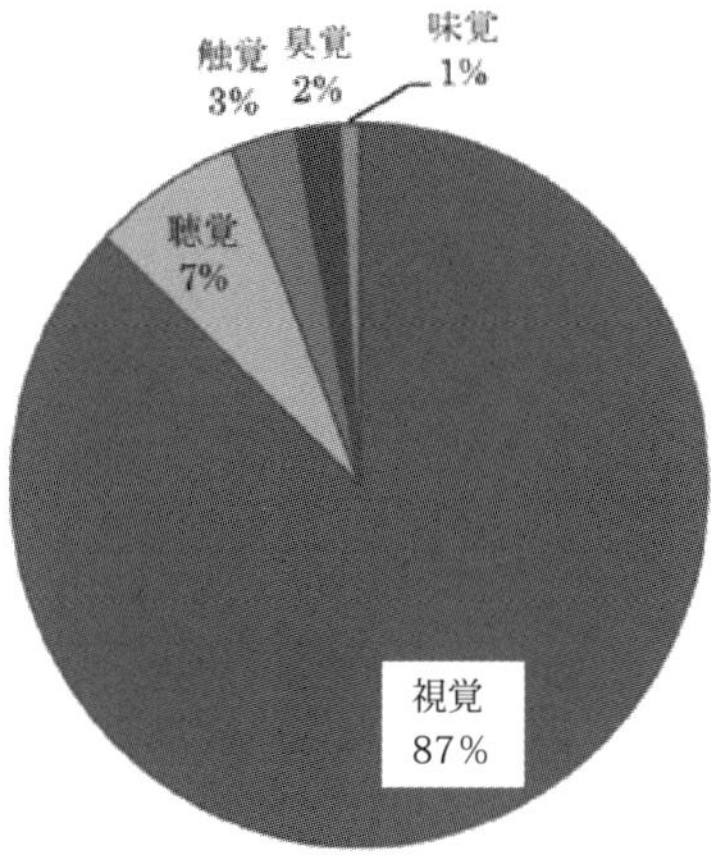

家賃の安さだけで勝負するのなら、妥協する人もいますが、相場家賃を維持しようと思えば、細かいところをケチると逆に損します。

また、費用がそんなに変わらないのに、単純に現状回復工事をしてしまう。15年前は新築でしたが、今は古さを感じるデザインに何も考えずに戻すのではなく、コンセプトを決め、選んでいただける部屋づくりをするのが大事です。

5　資産の逆組換え

数年前まで、市街化区域の農地が売れると、市街化調整区域の農地を買う農家さんがたくさんいました。田んぼがしづらくなった農地を売って、田んぼのしやすい市街化調整区域の大きい田んぼに買い換えるというパターンです。

農家としては、適切な判断のようにも思いますが、あくまでも農業を続ける前提です。息子さんも思いを共有し、引き継ぐのであればいいと思いますが、兼業農家の場合、息子さんは別の仕事を持ち、引き継ぐ気持ちがない場合が非常に多いです。

かなりの耕作面積を持たない限りは、稲作だけでは基本的に赤字で、それに見合わない高額な農業機械が故障すると、自ら農業をすることをやめる方が多い状況です。

極端な言い方をすれば、市街化調整区域の農地は、農業をする人にとってのみ価値のある土地で、それ以外の人にとっては、広さが仮に10倍になったところで、建物を建てることもできず、自由に売買することもできない（農地法により）土地は、ほぼ価値がないといえます。

本来、資産価値の高い不動産へ資産を組み換えていくのですが、これは資産の逆組換えといえます。もちろん、価値観は人それぞれなのでいいのですが、相続人の方の思いも踏まえ、苦労しない形で残す、引き継ぐことも大事です。

6　相続税はかかりませんが…

「相続税が数千万円かかるし、賃貸アパート建てようと思うんだけど」と相続税対策の相談に来られました。大手ハウスメーカーの提案書を持って。

それを見ると、確かに数千万の相続税がかることになっています。

資料を元に、お客様にヒアリングしました。

奥様はいらっしゃいます。

お子様はいらっしゃいません。

両親はすでに亡くなっています。

兄弟もおらず、一人っ子です。

ということは、相続人は奥さんのみです。

「あくまでも一般事例としてですが、お客様のような事例の場合、家族構成が変らなければ、相続税はかかりませんよ」

お客様は、ぽか〜んとした顔で、固まっていました。

被相続人の配偶者が遺産分割や遺贈により実際に取得した正味の遺産額が、次の金額のどちらか多い金額までは、配偶者に相続税はかからないです。

(1)　1億6，０００万円

(2)　配偶者の法定相続分相当額

　今回の事例の配偶者の法定相続分は、他に相続人がいないので１００％です。ということは、申告すれば、仮に資産が１００億円あっても、相続税はかかりません。すっきりした顔で帰っていかれました。１億円以上の借金をして、利回りの悪い賃貸アパートを建てるところでしたが、踏みとどまりました。

　また、別の方が相続対策として1億6，０００万円のアパートを建てたが、空室で悩んでいると相談がありました。試算してみると、基礎控除内に収まり、相続税はかかりません。

　なぜ相続対策が必要かと思ったのかお聞きすると、自分より不動産の少ない近所の地主数人が、相続対策でアパートを建てているので、それ以上に不動産を持っている私は、当然必要だと思ってとのことでした。

　確かに、面積的には、相談に来られた方のほうが多いのですが、近所の方は、市街化区域内（路線価評価）にほとんどの土地をお持ちなので、相続税がかかります。しかし、相談に来られた方は、市街化調整区域にかなり土地をお持ちですが（倍率評価）、市街化区域内には自宅と今回の計画地のみです。相続税評価額が少ないのです。

　さらに、地主さんに多いのですが、近所の人には負けたくないということで、近所の人が建てたものより規模の大きいアパートを建てて満足していました。利回りも悪く、相続税対策にもならないので、見栄だけのために多額の借入をし、アパートを建てたことになります。

残念ながら資産を減らしていくことになります。

7　半径1キロのライバル

「株は、機関投資家やデイトレーダーといったプロもしくは、セミプロに勝たないといけないので大変ですが、不動産投資は半径５００メートルのおじいちゃん、おばあちゃんに勝てばいいので、簡単です」。

これは、不動産投資会社の営業トークです。

そもそも半径５００メートルに賃貸需要のない地域で、おじいちゃん、おばーちゃんに勝ってもどうなのかとも思いますが、半分当たっていると感じます。

地主系大家さんは、他にも資産があるので、全体で回っている、うまくいっているような錯覚に陥っている方が多いです。多くの方は、資産を減らしています。

地方には、少しずつ増えてきていますが、まだまだ、大家さんが学ぶ場が少ないのが現状です。

大手ハウスメーカー主催のアパート建築受注に向けたフロントエンドのセミナーはありますが、採算性のある賃貸経営であったり、すべてお任せでない賃貸経営を学ぶ場があまりありません。

また、あっても、大手ハウスメーカーの無料で豪華な食事がついていたり、いたれりつくせりの旅行に慣れているので、自らお金を払って、セミナーに参加することがあまりないように感じます。もちろん、豪華な食事代も、いたれりつくせりの旅行代金も、工事費用に含まれているのですが…。運用方法を間違えなければ、資産がある分、地主系大家さんのほうが強いはずです。

8 税制変わっています

相続税対策として、個人年金保険に加入するという手法がありました。

これは、保険料を払い込んだ後に加入者が死亡した場合には、年金または死亡給付金を受け取る権利は相続の対象になりますが、法定相続人1人当り500万円の非課税枠に加え、その受取期間に応じて大幅にその相続税評価額を圧縮することができるという大きな節税効果があり、相続税の大きな節税につながりました。

確定年金の場合は、その年金受取りの残存期間に応じ、評価割合は図表14のようになっていました（相続税法24条）。

しかし、平成23年4月1日以降の相続および贈与については、その評価方法が大きく変わりました。

次の①～③の中で最も金額の多いもので評価されるようになりま

【図表14　確定年金の評価割合】

年金受給年数	割合
5年以下	70%
5年超～10年以下	60%
10年超～15年以下	50%
15年超～25年以下	40%
25年超～35年以下	30%
35年超	20%

した。

① 解約返戻金

② 一括受取りの金額

③ 予定利率で計算した年金の現価

このため、年金受給権の評価額圧縮効果は激減し、相続税対策としてのメリットもほとんどなくなりました。

大まかな金額でもいいので、毎年、税制の改正や、その年の路線価で相続税の額を把握しておくことが大事です。

税制改正等により、相続税の節税効果が少なくなったり、なくなったりしている可能性があります。

9　あなたなら住みますか

最近、空室のご相談いただく中で、「新築で建てたけど、ほとんど入居が決まらないのでどうしたらいいでしょうか」というのが何件もあります。

通常、新築の場合、完成時期を間違わなければ、新築プレミアで満室になるものですが、よく話を聞くと、初歩的な部分で間違っていることが多いです。

「あなたならそのアパートに住みますか」という視点です。
物件を見た瞬間にすぐに感じます。

(1) 隣が宗教施設で、日中から、異様な音がしている
(2) ファミリー物件ですが、隣が葬儀場のため、毎日、泣いている喪服の人を家族で見てしまう
(3) 田んぼの真ん中で、市街地まで遠いのはもちろん、近くにコンビニすらない
(4) 窓を開けると、一面お墓！

これを、リカバリーできる何かが、対策があればいいのですが、勧められるままに建ててしまったようです。

自宅であれば、住むこともあるかもしれませんが、賃貸は、いろいろな物件を選べます。そのアパートに住まないといけない理由がない限り、あえてそのような物件を選びません。

契約する前に、再度自分に問いかけてください。

「自分なら住むだろうか」

また、入居者ターゲットと自分が明らかに違う場合、子供や、知人に聞いてみるといいでしょう。

どんなに素晴らしい事業計画でも、入居者がいなければ、始まりません。

第2章　入れ替わりの激しい業界

1　同じ会社なのに違う営業マンが

地主さんとお話していると、同じハウスメーカーの営業マンが、朝、昼、夜と、それぞれ別の営業マンが来るので困るとよく聞きます。

突然、飛込み営業されるだけでも嫌なのに、同じハウスメーカーの別の営業マンが来て、同じ質問に応えないといけないので、怒鳴って追い返した。「同じ会社でコミュニケーションはないのか」とのことでした。

残念ながら、すべてではありませんが、ハウスメーカーの方針としては、営業マンの誰かは地主さんと相性が合うだろうということで、いろいろなタイプの営業マンをとにかく訪問させています。

そして、そういう会社ほど、営業マンに対する固定給の保証は3か月～6か月と短く、営業マンの入れ替わりも激しいです。したがって、極端な話、ほとんどの営業マンが嫌われても、1人の営業マンが地主さんに気に入られ、受注になればハウスメーカーとしてOKなのです。

2　あまりわからない人がさらにわからない地主に売る

賃貸経営は、事業収支計画などの企画、融資等のファイナンス、運営に必要な税務、満室にするための管理ノウハウと幅広い知識が必要になります。それを、入社後数か月で結果を出さいないといけない営業マンが、わかった上で営業しているかといえば、ほぼ理解していないと思います。

恥ずかしい話ですが、筆者も入社後すぐに営業をしていましたが、あまり理解していませんでした。賃貸経営の商品に惚れ、これだと相続税対策になり、また安定収入があるので、お客様に喜んでいただけると思い、営業をしていました。

その当時のお客様には、申し訳ないという思いがあります。また、パートナーとして必要としていただけるのであれば、出口戦略を含め、よい方向に着地できるように、共に歩みたいと考えています。

今考えれば、その当時の上司を含め、あまりわかっていなかったのではないかと思います（今はそうではないと思いますが）。また、他社、大手ハウスメーカーも同じ状況なのではないかと思います。なぜなら、自社より利回りの悪い商品をフルローンで提案していましたし、実際、大手ハウスメーカーの社員と話したときも、デッドクロスなどの賃貸経営独特のしくみをまるで理解していませんでした。

長期間現場にたずさわった方は、勉強し、詳しい方もいらっしゃると思いますが、入れ替わりの激しい業界なので、業界平均でいうと、いまだにあまりわかっていない営業マンが、さらにわからない地主に売っているといえます。

したがって、地主さん自ら、大家塾や大家の会といったコミュニティーに参加し、学び、そして同じ大家さんとつながり、自分ごととして、意思決定することが、とても大事になります。

体系的に賃貸経営を学ぶのであれば、筆者も所属している一般財団法人日本不動産コミュニティーが主催する不動産実務検定（旧大家検定）がおすすめです。

3　一括借上（サブリース）で問題を先送り

セミナーで、「30年間家賃が保証される夢のようなシステムがあると思う方いらっしゃいますか」と質問すると、さすがに誰も手を挙げません。

でも、ハウスメーカー、建設会社の、強い押しの営業の前に、最後は、「一括借上があるからいいか…」とふわっとしたイメージだけで、思考停止してしまい、数千万〜数億円の契約を決められる方がたくさんいらっしゃいます。

一括借上（サブリース契約）は、家賃保証契約ではなく、賃貸借契約です。ということは、借地借家法により判断されるということです。

賃貸借契約では、家主が経済的強者とみなされます。素人の個人であってもです。それに対し借主は、経済的弱者とみなされます。上場企業だろうと、サブリース会社だろうと…。法律的には、素人の家主より、サブリース会社のほうが守られています。

例えば、「家賃の10年固定」が契約書の明記されていたとしても、借地借家法32条では「建物の借賃が、土地若しくは建物に対する租税その他の負担の増減により、土地若しくは建物の価格の上昇若しくは低下その他の経済事情の変動により、又は近傍同種の建物の借賃に比較して不相当となったときは、契約の条件にかかわらず、当事者は、将来に向かって建物の借賃の額の増減を請求することができる。ただし、一定の期間建物の借賃を増額しない旨の特約がある場合には、その定めに従う」となっています。

ということは、いくら契約書に「家賃の10年固定」と明記されていても、10年以内の家賃の減額請求を法律的に認めていることなのです。さらに、素人の家主であっても、経済的強者なので10年固定の特約があると、家賃の増額請求はできません。

ということで、家賃の大幅減額や更新の条件として、高額な外壁塗装等が提示され、それを受けられない場合は、契約の打切りという流れになっています。

しかし、一括借上（サブリース）がすべてダメといっているのではなく、まずは一括借上がなくても、採算性のある妥当な事業計画なのか（利回り、返済比率等）、また家主側が主導権を握り、ある程度コントロールすることができるのかが重要です。

例えば、一括借上をつけることにより、よい融資条件になるのであれば、利用するのもありだと思います。しかし、もし、途中で大幅な減額提示があった場合、家主側から解約しても、採算性のとれる、満室経営のできる企画なのかどうかです。

また、解約した場合、入居者はサブリース会社からの転貸借なので、すべての入居者を引き連れて出て行くことは、十分考えられます。全部屋空室の賃貸アパートができあがるのです。

再び満室になるまで耐えられる、もしくは満室にするためのリノベーション工事ができるだけの内部留保を積める計画なのかをしっかり検討する必要があります。

一括借上は、あくまでも補助的なもので、決して夢のようなシステムではありません。お客様には、「一括借上がないと不安でしょうがない賃貸経営なら、やめたほうがいいですよ」と言っています。

また、一括借上で思考停止し、すでに契約してしまった方、賃貸経営を始められている方は、冷静に現状を把握し、どうリカバリーするのかの出口戦略を早い段階で検討すべきだと思います。

4　誰がババを引くのか

土地神話の時代を生きた世代は、不動産は資産という意識が強いです。ただし、第1章でも述べたように、自分の財布にお金を入れてくれるものを資産、財布からお金を奪っていくものを負債と定義すると、活用できない（収益性がない）、売却できない（換金性がない）不動産は、確実に負債です。さらに、住むこともない不動産は、負動産です。

永遠に固定資産税および草刈り等の維持費がかかります。分譲マンションであれば、ローン返済が終わっていても、管理費や修繕積立金を払い続けないといけません。この支払義務から逃げ出せません。完全にババ抜きのジョーカーです。売却できなくなった時点で、ゲームセットです。

相続する不動産が自ら住む不動産である場合は別として、資産なのか負債なのかを明確にし、負債の不動産は、まだゲームが続いているのか、終わっているのか、ゲームが続いているのであれば、格安でも価値を感じていただける、または、独自の活用ノウハウを持っている人に売却することが肝要です。

ゲームセットであれば、他の不動産とのバランスも考えながら、相続放棄も検討すべきです。

注意すべき点は、子供が全員放棄すると相続順位が変わり、子供の伯父や叔母や従兄妹（代襲者）が相続人となりますので、事前に打合せが必要になります。

また、相続放棄しても、次へ引き継ぐまでは、放棄した相続人は管理責任を負います。そして、相続財産管理人への費用の負担も出てきます。

5　借金することで相続税対策になるという誤解

相続税対策のためには、借金しないといけないと誤解されている方が、多くいらっしゃいます。その都度、ご説明させていただくのですが、借金そのものに、相続税を減額させる効果はありません。

資産－負債（借金）＝課税価格

この課税価格に相続税は課税されます。課税価格が増えれば、相続税も増えます。逆に、課税価格が減れば、相続税も減ります。

資産（５億円）－負債（０円）＝課税価格（５億円）

課税価格5億円に相続税が課税されます。このケースで、銀行から2億円の借金をします。借金の2億円が、そのまま手元にあると、

資産（5億円＋2億円）－負債（2億円）＝課税価格（5億円）

となり、借金しても課税価格は変わりません。ということは、相続税も変わりません。

では、どうすれば相続税が減額されるのでしょうか。

相続税を減額する節税効果は、借金ではなく、借金で得た現金を相続税評価の低い固定資産に換えることにより減額になるのであり、借金自体に節税効果はありません。

借金で得た現金で建築費2億円の賃貸アパートを建てるとどうなるか。

賃貸アパートの相続税評価額は、固定資産税評価額となり、新築の場合、大体、新築価格の60％くらいになります。また、建物には、借家人の権利（借家権）が付いてしまいますので、固定資産税評価額からさらに30％評価が下がり、建築費2億円のアパートが8，400万円くらいの評価になります。

資産（5億円＋8，400万円）－負債（2億）＝課税価格（3億8，400万円）

これで課税価格が下がります。ということは、借金して賃貸アパートを建てても、現金で賃貸アパートを建てても、同じといえます。

将来、引き継ぐ人のことを考えた場合、ハウスメーカーの「借金することで相続税対策になります」という言葉を真に受け、フルローンで建てるのではなく、返済比率を見ながら、借入と自己資金の割合を検討するのがいいのではないかと思います。

6　どう土地を分割する？

土地をどのように分割するかで、相続財産の評価額を減らすことができます。図表15のどちらのほうが、相続税評価額を減らすことができるでしょうか。

【図表15　土地分割の例】

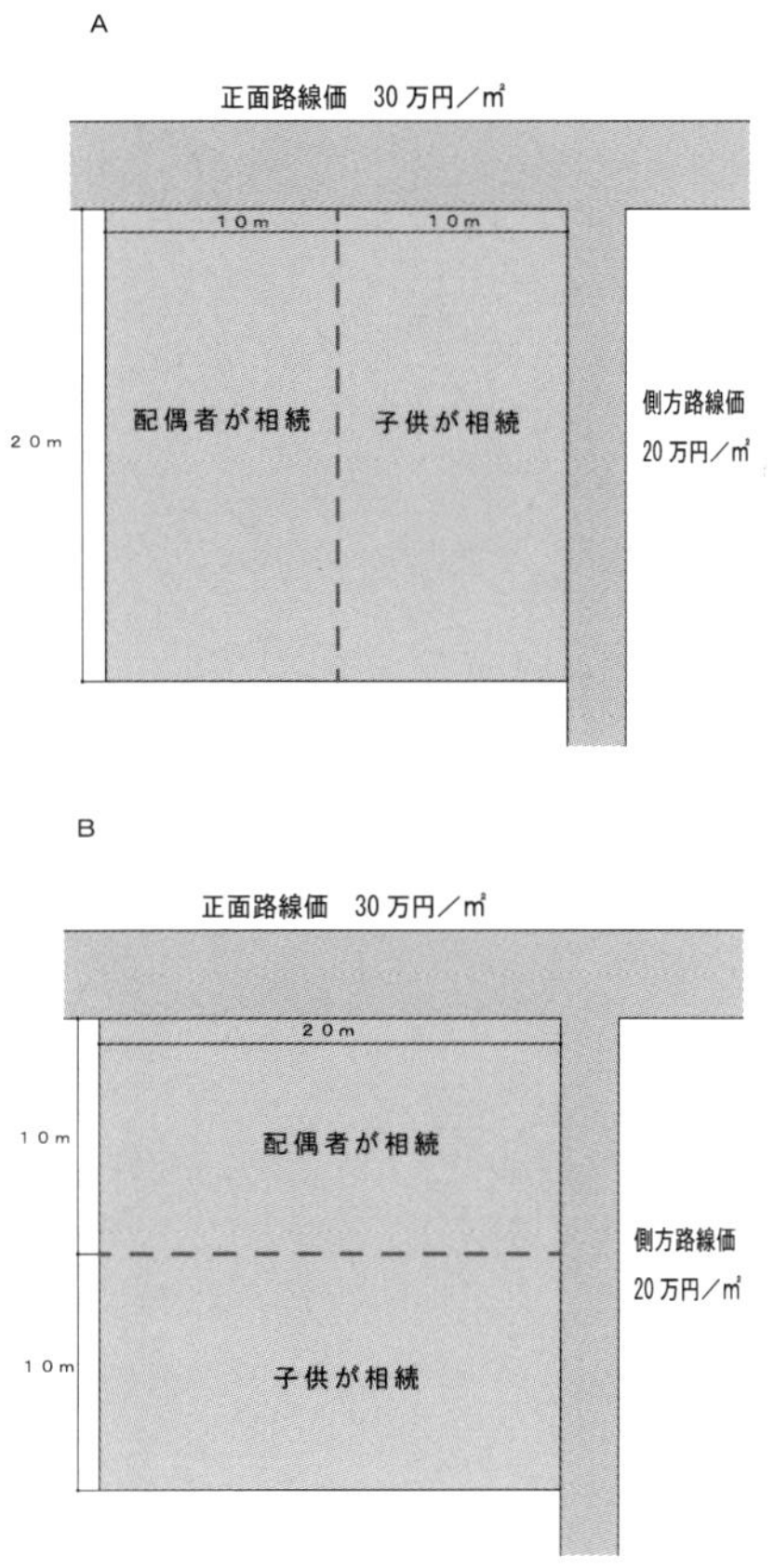

間口20m　奥行き20m
正面路線価30万円　側方路線価20万円
家族構成　配偶者、子供1人
※奥行補正率　1・00（10m、20mともに）
　側方路線加算率　0・03
　奥行長大補正率　0・98
A　正面に沿って縦に分割した場合
①　30万円／㎡×1・00×0・98×200㎡＝5，880万円
②　30万円／㎡×1・00＋20万円／㎡×1・00×0・03＝30・6万円／㎡
　30・6万円／㎡×0・98×200㎡＝5，997・6万円
①＋②＝1億1，877・6万円
B　正面に並行して横に分割した場合
①　30万円／㎡×1・00＋20万円／㎡×1・00×0・03＝30・6万円／㎡
　30・6万円×200㎡＝6，120万円
②　20万円／㎡×1・00×0・98×200㎡＝3，920万円
①＋②＝1億40万円
A−B＝1，837万円

すなわち、正面に並行して横に分割したほうが、１，８３７万円相続税評価額を減額することができます。

ただし、分割方法によって土地が利用しにくくなる場合もありますので、注意が必要です。

7　銀行に預けている預金をリフォーム工事に使ったら相続税対策になる？

銀行にある預金のうち、３，０００万円を古くなったアパートのリフォーム工事に使ったら、相続税の節税になるのでしょうか。リフォーム工事による固定資産税評価額の増加額を金額の10％と仮定します。

相続税評価額３，０００万円の現金が、アパート評価額増加分３００万円になるので、差額の相続税評価額２，７００万円の減額効果があります。増築をせず、かつそのすべてが修繕費になる場合には、評価額をゼロにすることも可能です。

ただし、用途変更工事や、建物の価値を高める工事は、（外壁の吹付をタイル貼りにする等）は、資本的支出とみなされ、固定資産税評価額に反映されることになります。リフォーム工事をすることにより、空室改善、家賃のアップも期待することができます。

また、現金でなく、借入金で行っても同様の効果があります（借入金は残高が経年により減少しますので、効果も減少します）。

8　相続税対策にはなったが

賃貸アパートを建てると、相続税対策として有効です。

例えば、1億円借金をして、1億円の賃貸アパートを建てると、まず建物は固定資産評価に下がります（新築の場合、建物の構造により変わりますが、60％くらい）。さらに、賃貸で貸しているので、借家権割合30％が減額され、1億の新築アパートが4，200万円くらいの相続評価になります。そして、マイナス評価の借入した1億円を差し引くと、差額の5，800万円を相続税評価額から減額することができます。

また、土地に関しても、貸家建付地評価になり、20％前後減額することができます。これで、借入と評価減で納税額は大幅に減らすことができます。

極論ですが、借りられるだけの借金をし、できる限り大きな賃貸アパート、マンションを建てれば、相続財産の圧縮効果は大きくなり、相続税の節税になります。

しかし、立地が悪い、割高な工事費、そしてフルローン、アパートの収益力が弱く借金まみれの物件を受け継いだ息子さんは、幸せなのでしょうか。節税することはあくまでも手段で、一族の繁栄のために資産を残すことが目的であったはずが、節税することが、目的になってしまいました。

古くなった状態で、借入がたくさん残り、家賃収入が残っていない賃貸アパートは、リスクでしかありません。

第3章　賃貸経営のしくみ

1　1億円かけてそんな手取りなら…

賃貸経営のご相談に来られる方で多いのが、立派なパンフレット、芸能人によるテレビCM、最新の設備満載のアパートの事業計画の持参組。

でも、表面利回り6%～7%。1億円の物件をフルローンで建てて、表面利回り7%だとすると、年間の手取り金額は、100万円程度、月々8万円ほどです。

1億円の借金、リスクを背負って月々8万円程度なら、奥さんにパートで働いてもらって、月々8万円のほうがよくないですか。

確かに、それで相続税が1～2千万円と減額になるメリットもあると思いますが、相続後も借金は返済し続けないといけません。

これくらいの利回りでは、将来のデッドクロス対策、大規模修繕対策等の内部留保がない場合が多いです。古くなった物件を相続し、それまでの家賃の内部留保はなく、借入はたくさん残っている。そして、最後の頼みの綱の一括借上も空室が目立ち始めると、ローン返済もできないような家賃の減額、そして一括借上の打切り。あくまでも、収益性のある賃貸経営があった上での、相続対策です。

また、出口戦略として、物件を売却する場合、賃貸アパートを建てるのに最新の設備を入れたので、1億円かかった。土地の値段が5，000万円だから、合計した1億5，000万円で売れるはずだと考えるかもしれませんが、収益物件を売却する場合、ほとんど関係ありません。
例えば、年間稼働家賃収入が700万円で、最低表面利回り10％以上でなければダメだという人しかいなければ、7，000万円でしか売れません。さらに、それ以上に借入が多い場合、売れない、または残債だけ残るということになります。
また、空室対策で家賃の値下げしか提案しない不動産屋さんもいますが、あくまでも家賃の値下げは、最終手段です。仮に10戸のアパートで、平均3，000円値下げしたとします。そうすると表面利回り10％で売る場合、
3，000円×10戸×12か月＝36万円
10％で割り戻すと360万円、売却金額が360万円も変わってきます。
自分が希望する価格で売却をするためには、収益力を上げる、家賃を下げないで満室経営をする、できれば1，000円でも家賃を上げることです。

2　企画で8割

賃貸経営を成功させる要因としては、次の4つがあります。
(1)　企画　　　事業収支計画、設計、施工

⑵　ファイナンス　いかによい条件で、融資付けできるか？
⑶　税務　　　　　事業化、運営化に必要な税務の知識
⑷　賃貸管理　　　安定経営を続けるための必要な管理ノウハウ

その中で、企画で8割決まります。企画は、工事費の積上げではなく、得られるであろう家賃から逆算してかける事業費を決めないといけません。いったんかけたお金は取り戻せません。

最近あった相談で、「最新の設備で、おしゃれなデザインなのに、なぜ空室が埋まらないのでしょうか」というのがありました。

よく話を聞くと、家賃が13万円⁉　東京などの都心部であれば、その家賃を払う層がいると思いますが、地方でその家賃を払える方は、かなり限られています。仮に新築プレミアで入居が決まったとしても、次の入れ替え時には、家賃を下げない限り、入居は決まりません。積み上げた工事費を元にした事業費、それを元にした家賃設定、順番が逆です。

また、賃貸物件を建てるときに、お客様が自分の自宅と錯覚してしまうことがあります。最新の設備をすべて備える、高級な材料を使う、少しでも広い間取りにする－お金をかければよい建物ができるのは当然です！　しかし、投資バランスを考えないと、失敗してしまいます…。

例えば、８００万円の建物で、家賃8万円の立地に、1，６００万円の建物を建てれば、家賃16万円取れるのでしょうか。大都市の1等地は別として、無理ですね。

特に、地方都市では。建物に2倍の投資をしたとしても、家賃収入は簡単に2倍にはなりません。

建物に対する投資額と収入のバランスが大事です！

また、土地のある地主さんの目安は、表面利回り最低10％以上です。事業に自宅を含む場合や、農地を埋め立てた場合は別ですが、基本的には10％以上です。10％以下の場合は、フルローンではなく、ある程度自己資金を入れ、返済比率を下げておくことが必要です。

一括借上があるから大丈夫と考えるのではなく、何戸の空室になるとキャッシュアウトするのか、何％の金利上昇に耐えられるのか、限界を知っておくことが肝要です。

ちなみに、金融機関の融資基準ですが、現在はかなりゆるくなっていますが、本来は金利６％で入居が80％になったときに、税引前キャッシュフローが1円でもプラスになっているかどうかです。

表面利回り７％くらいで、フルローンで建てると、案外すぐにキャッシュアウトすることがわかると思います。

また、所有する土地に賃貸アパート、マンションを建てた場合、１億円の建設費で、年間家賃総額が1，０００万円だと、表面利回り10％となりますが、例えばその土地が5，０００万円の価値があるとすれば、総額現在価値の考え方では、1，０００万円÷1億5，０００万円になり、６・６％の利回りになるのです。

相続対策だからと、立地の悪い場所、ライバルが多い場所に無理して新築のアパートを立てるのではなく、その土地を売却し、そのお金で、立地のよい場所に中古の収益物件を買うというのも１つの方法だと思います。

3　返済比率

筆者が、賃貸経営を考えるとき、利回りも考えますが、一番重要視するのが返済比率です。

返済比率＝年間返済額（元利合計）÷年間家賃収入合計×１００

筆者は、40％以下を目安としています。鉄筋コンクリートマンションの場合は経費率30％（エレベーター等、ランニングコストの高い設備は別）、木造アパートは20％で見ています。鉄筋コンクリートマンションの場合、固定資産税が高いので、多めにしてあります。

例えば、木造アパート新築フルローンで返済比率が70％の場合、経費20％を足すと、残り10％の余裕しかありません。利回りがよくても、返済年数が短い場合、返済比率が高くなり、少しの空室ですぐにキャッシュアウトする可能性があります。

もしもの場合に、リカバリーする資産がある場合はいいのかもしれませんが、基本的には、全体で回っているからＯＫではなく、それぞれの物件が優良物件なのか、お荷物物件なのかを明確にし、対策を立てる必要性があります。

また、あえて収益性の悪い物件を建てている人もいます。

例えば、大通り沿いに土地を多く所有している人の場合、アパートはほとんど利益が出ないが、流通店舗に強い会社なので、出店情報を優先的にもらうために建てている、または、電気業者が電気工事をもらうために建てている、という場合があります。

それは、その人の戦略なのでいいのですが、それを見て、知合いが建てているからと、戦略もなしに建てると失敗します。同じ物件であっても、する人にとって優良物件にもなり、お荷物物件にもなりますので、自分にとってどうなのかを明確にすることが大事です。

4　不動産を中心とした資産税に詳しい税理士は地方にはあまりいない

賃貸経営に詳しくない税理士さんは、「事業的規模でないので、白色申告でいいです」とか、事業的規模であっても、「白色申告でいいです」と普通に言います。

本来であれば、賃貸経営をする前に、減価償却方法（設備）は、定率法がいいのか、定額法がいいのか、個人でするのがいいのか、法人でするのがいいのかをシミュレーションし、初年度の欠損金を個人の場合3年、（法人の場合10年）繰延べし、申告上赤字にするにはどのパターンがいいのかを検討しなければいけません。

申告上赤字にすることにより、他に所得がなければ、無税で現金が残ります。これは、節税できてよかったという話ではなく、借入で賃貸経営している場合、将来起こる可能性が高いデッドクロス（黒字倒産）に備える資金です。家賃以上の価値を提供するための、修繕、リノベーションに使う資金です。

しかし、白色申告の場合、初年度の欠損金を翌年に繰り越すことができません。いろいろなパターンをシミュレーションする以前の話なのです。

また、税理士さんと話したときに、個人で申告する場合、ゆっくり見ている時間があればいいのですが、一番忙しい確定申告の時期に、1年分を1度に処理するので、とても節税アドバイスする余裕もなく、流れ作業のような形で申告するしかできないと言っていました。

さらに、不動産を中心とした資産税に詳しい税理士は、地方では残念ながらあまりいません。お医者さんの場合、内科なのか、外科なのか、歯科なのか、眼科なのか明確ですが、税理士さんの場合、明確になっていないことが多いです。

案外、心臓手術を歯科医に頼むような感じで、税理士さんに得意でない分野の仕事を依頼している可能性があります。

もちろん、申告のプロなので、申告はしていただけますが、節税については将来残るお金は全く違います。

相続についても、同じことがいえます。相続税還付業務専門税理士が増えているのも、払い過ぎた相続税がたくさんあるからではないでしょうか。

5　賃貸経営はいつする？

賃貸経営、不動産投資は、いつするのがいいのでしょうか。常識的には、景気がよいとき、みんながするときにするのが、普通でないでしょうか。

しかし、本当は、

・建築費が安いときに建てたいのではないでしょうか

・金利が低いときに建てたいのではないでしょうか

・不動産の価格が安いときに買いたいのではないでしょうか

であるならば、いつでしょうか。

賃貸経営、不動産投資は、景気が悪いときにすべきです。

建設業者および協力業者は、仕事がたくさんで忙しいときには、わざわざ安い仕事はしません。逆に仕事が少なくなったときには、建築費は下がります。融資の金利も、基本的には景気が悪いときほど低くなります。

また、不動産の売買も需要と供給のバランスで金額が決まりますので、素人がふわっとした雰囲気だけで手を出さないことです。不景気時には、需要が減りますので、指値が通りやすくなり、不動産価格が下がる傾向にあります。

したがって、賃貸経営、不動産投資は、景気が悪いときにすべきです。

賃貸経営で特に苦労された方は、バブルのときに賃貸経営をした方です。高額な工事費で、高い金利（６％以上）、そして特別な家賃設定での事業計画で回していました。そのため、回らなくなり、任意売却、競売等になっています。

プロの投資家は、バブル崩壊後やリーマンショック等で、多くの人があたふたしているときに、冷静に不動産投資を行い、優良な資産を増やしています。

6　お客様ではお客様の対応

入居対策で、不動産会社に訪問したり電話する大家さんがいます。すべてお任せにせず、自ら行動されているので、素晴らしいのですが、その行動の仕方が問題だったりします。

不動産会社にアポをとらず訪問し、長時間にわたり話をしたり、相手の状況を考えず長時間電話する—大家として、お客様という立場で行動するので、不動産会社からもお客様として対応され気分よくなって帰って行く、電話を切る。でも、これでは入居は決まりません。

実際、入居者と接している営業マンの本音が引き出せていません。部屋探ししている方を、物件案内したときの反応、決まらなかった理由等に改善点があります。

また、大手の不動産会社になればなるほど、効率性を求められますので、店舗営業マンは、その日の行動計画を決め、成果を出すために努力します。そこへ突然　訪問され、店舗の状況に関係なく、若かりし頃の成功体験を延々と話されても、決して営業マンは、この人のために頑張ろうとは思いません。

大家さんは、どうしたら不動産会社、営業マンがパートナーとして動いてくれる　のかを考えることが、経営者として大事な仕事なのではないでしょうか。

また、案外自分で自分のことは見えないものです。息子さんの仕事が休みのときに、父親の不動産会社訪問に同席し（土日はやめたほうがいいですが）、賃貸経営にプラスの行動なのか、マイナスの行動なのかを見極め、マイナスであれば、言葉を選びながら根気強くコミュニケーションを図り、名義はそのままでも、息子さんに少しずつ、賃貸経営を委譲してもらえるようにしたほうがいいです。

逆に、父親（母親）がすばらしい賃貸経営をされているのであれば、今のうちに考え方、手法等を学び、もしもの場合にも対応できる準備をしたほうがいいです。

7　駐車場をどう使うか

地方では、賃貸アパートに駐車場がないと、入居に大きな影響を与えます。ただ、入居者だけでは埋まらない場合、入居者以外の方に貸し出すことを考えることもあると思いますが、相続税対策に影響を与えることもあるので、慎重に検討することが大事です。

【図表16　設例】

・賃貸マンション部分の広さ	４５０㎡
・隣接する自己所有の駐車場の広さ	４５０㎡
・マンションの正面路線価	30万円／㎡

・借地権割合　60%　借家権割合　30%
・奥行き補正等の補正率は考慮しない。

A　入居者以外も駐車場契約している場合

マンションの敷地は、貸家建付地になるので
30万円／㎡×４５０㎡＝1億3，５００万円
1億3，５００万円×（1－０・６×０・３）＝1億1，０７０万円
隣接する駐車場は、自用地になるので、
30万円／㎡×４５０㎡＝1億3，５００万円
1億1，０７０万円＋1億3，５００万円＝2億4，５７０万円
相続税評価額　2億4，５７０万円

B　入居者専用の駐車場にした場合

両方の敷地とも貸家建付地になります。
30万円／㎡×９００㎡＝2億7，０００万円
2億7，０００万円×（1－０・６×０・３）＝2億2，１４０万円
相続税評価額　2億2，１４０万円
A－B＝2，４３０万円
相続評価額は　2，４３０万円　減額になります。

駐車場に利用している土地は、自用地評価（減額なし）です。賃貸マンションに隣接する駐車場も、原則的には自用地評価になります。

ただし、賃貸マンションに隣接し、入居者専用の駐車場であるという要件を満たすことにより、貸家建付地評価となり、20％前後、評価額を下げることができます。

固定資産税についても注意すべき点があります。駐車場がアパートと一体の土地とみなされれば、固定資産税評価額が６分の１になります。しかし、フェンス等で、仕切ってしまった場合（防犯上の理由等で）、通常に戻ってしまい、６分の１の減額メリットを受けることができません。

一部分でも行き来できるスペースが空いていれば大丈夫ですが、月極駐車場募集看板を出してしまうと、減額にならない可能性が高いです。

8　何色ですか

賃貸経営を始めたら、規模の大小にかかわらず、迷わず青色申告をしましょう。あまり賃貸経営に詳しくない税理士さんの場合は、「白色でいいです」という方もいらっしゃいますが、現在、白色申告するメリットはありません。

青色申告するメリットとしては、次の３つがあげられます。

⑴　欠損金の繰延べができる

事業の開始年度の赤字を3年間繰延べができます（法人は10年間）。不動産所得の赤字が、その年の他の所得と通算して赤字（純損失）が残っても、白色申告の場合、翌年に繰り越すことはできませんが、青色申告の場合、繰越控除することができます。その年の赤字（純損失）を翌年に繰り越して、翌年の所得から差引くことができます。

そして、損失が残ったときには、所得税などはかからず、キャッシュフローはそのまま残ります。さらに、残額があれば、その翌年、翌々年と繰越控除（個人は3年間、法人は10年間）することができます。つまり、初年度の赤字を最長3年間繰り延べることにより、所得税は無税のままで、キャッシュを残すことができます。

(2) 青色申告特別控除が受けられる。

事業の規模により、65万円もしくは10万円の特別控除が受けられます。

65万円の特別控除の要件は、「事業的規模」かどうかです。事業的規模とみなされるには、「5棟10室基準」があります。アパート、マンションであれば10室、貸家なら5棟（2室分に該当）、駐車場50台（地域により異なりますが10室分に相当）を超えると「事業的規模」とみなされます。

「事業的規模」で、複式簿記の原則に従って「損益計算書」や「貸借対照表」を作成し、期限内申告をすることにより、65万円の所得控除が受けられます。

「事業的規模」に満たない場合でも10万円の控除を受けることができます。

(3) 青色事業専従者給与を必要経費に参入できる。

「事業的規模」であれば、青色事業専従者給与を必要経費に入れることができます。

青色事業専従者とは、青色申告者と「生計を一にする」、つまり同じ屋根の下に住んでいる奥さんや15歳以上の子供さんで大家業を手伝っている者をいいます。その対価として給料を払えば、大家さん本人の不動産所得の経費として控除することができます。

しかし、仕事内容と比較して適正な給料でなければ認められません。また、専ら青色申告者の事業に従事している、つまりこの仕事に半分以上従事している必要があるので、他で働いている（アルバイト含む）場合は専従者とは認められません。

例えば、奥さんをアパートの管理業務に従事させ、その仕事内容として相当である１００万円（月額約８万３，０００円）の給料を奥さんに支払うことで、この１００万円は無税で所得を分散できます。

さらに、その分だけ大家さんの所得を減らせるので、節税メリットはとても大きいです。

9　修繕費と資本的支出の違い

修繕費を支出した場合、経費として収入から引くことができます。しかし、リフォームの仕方によって、その年に1度に経費にできる場合と、できない場合があります。

修繕費が固定資産（資本的支出）とみなされてしまうと、その費用は1度に経費にならず、法律で規定された耐用年数をかけて、減価償却をしていかなければなりません。

修繕費と資本的支出の違いは非常に曖昧で判断が難しいのですが、図表17のように一定の判断基準があります。

【図表17　修繕費か資本的支出なのかの判断基準】

(1)　1件ごとの工事費の金額が20万円未満であれば修繕費
(2)　20万円以上でもその修繕の周期が概ね3年以内であれば修繕費
(3)　明らかに価値を高めるもの、または耐久性を増すものでなければ修繕費

基本的に、通常の状態に維持管理するための費用や、元の状態に戻す費用は（原状回復するための費用）修繕費になり、その年に一括で経費になります。外壁の塗替え工事や、屋上防水工事などは、その金額が高額であっても、修繕費としてその年に経費になります。

しかし、畳をフローリングにしたり、外壁を吹付けからタイル張りに変えたりすると、建物の価値を上げているので、資本的支出になり、その年に一括で経費にすることができず、減価償却資産として毎年償却していくことになります。

ここで注意する点は、修繕費を法定耐用年数の残存期間で償却するのではなく、元々の耐用年数で償却していくことになります。

例えば、鉄筋コンクリート造のマンションの場合、耐用年数は47年ですが、建物本体が築30年経

過しているからといって、「47年－30年＝17年」で償却するのではなく、リフォームをした時点から47年で償却することになります。
もし、40万円のリフォームが現状回復工事であれば、その年に一括で経費にすることができ、利益から引くことができますが、固定資産になると、
40万円÷47年＝８，５１０円
毎年わずか８，５１０円しか経費にならなくなります。
資本的支出になると、修繕費に比べ、支出した年に経費になる金額が少なく、利益が多くなって税金が増えますので、財務的にかなり不利になります。

10　修繕積立金を経費として積み立てる方法

修繕費は、経費になりますが、修繕積立金は使っていないので、経費として積み立てることはできません。しかし、結果的に経費になる方法があります。あくまでも結果的になので、ご注意いただき、実行される方は、自己責任でお願いします。

それは、生命保険（死亡保険）を使い積み立てる方法です。死亡保険は、「掛け捨て」と一定期間を経過すると解約しても「解約返戻金」としてその掛金の約90％が返ってくるものがあります。

修繕積立金をあくまでも結果的に経費として積み立てるには、掛金全額経費、もしくは２分の１

経費になり、高い返戻率で戻ってくる生命保険に加入すればいいのです。ただし、明らかに節税目的、または解約を前提とした加入は、損金算入が否認されることがありますのでご注意ください。

また、このしくみを利用するには、建物の所有者が法人でないとメリットがないです。個人の場合、生命保険料の所得控除が年間4万円までなので意味がありません。

法人の場合、役員保険があり、保険の種類により掛金を全額経費にすることが可能です。また、被保険者の年齢と、修繕の時期により、2分の1損金のほうがいい場合もありますので、ピークの時期と修繕の時期を踏まえ検討しましょう。

法人の場合、最低の実効税率が21・42％（資本金1億円以下、課税所得年400万円以下の場合）かかりますので、全額経費になることで、解約返戻金が90％でも、預金するよりはるかに、節税になります。

そして、長期修繕計画を立て、その修繕の時期と生命保険の返戻率が高い時期が合う生命保険に加入します。解約した保険料の返戻金を使わなければ、雑収入となるため、解約した分を修繕費等の費用として使うようにします。

なお、長期の保険の場合に、解約返戻金の返戻率の高い時期に合わせる場合、全額損金ではなく、2分の1損金のほうがいい場合もあります。

それと、信頼できる保険屋さんにご相談ください。お客様にとって、メリットがある保険と、保険屋さんが売りたい商品（メリットがある商品）は違うことが多々あります。信頼できる保険のパートナーを見つけることもとても大事です。

【図表18　保険の解約時受取金額】

年払保険料	948,050 円
年保険料	948,050 円

経過年数	年齢	死亡・生活障害保険金	A 保険料累計	B 解約時受取金額	B/A 単純返戻率	C 効果額累計	D(A−C) 実質負担額	B/D 実質返戻率
1	41	5,000万円	948,050	525,000	55.37%	341,298	606,752	86.52%
2	42	5,000万円	1,896,100	1,345,000	70.93%	682,596	1,213,504	110.83%
3	43	5,000万円	2,844,150	2,160,000	75.94%	1,023,894	1,820,256	118.66%
4	44	5,000万円	3,792,200	2,975,000	78.45%	1,365,192	2,427,008	122.57%
5	45	5,000万円	4,740,250	3,780,000	79.74%	1,706,490	3,033,760	124.59%
6	46	5,000万円	5,688,300	4,585,000	80.60%	2,047,788	3,640,512	125.94%
7	47	5,000万円	6,636,350	5,380,000	81.06%	2,389,086	4,247,264	126.66%
8	48	5,000万円	7,584,400	6,170,000	81.35%	2,730,384	4,854,016	127.11%
9	49	5,000万円	8,532,450	6,950,000	81.45%	3,071,682	5,460,768	127.27%
10	50	5,000万円	9,480,500	7,725,000	81.48%	3,412,980	6,067,520	127.31%
11	51	5,000万円	10,428,550	8,305,000	79.63%	3,754,278	6,674,272	124.43%
12	52	5,000万円	11,376,600	8,850,000	77.79%	4,095,576	7,281,024	121.54%
13	53	5,000万円	12,324,650	9,355,000	75.90%	4,436,874	7,887,776	118.60%
14	54	5,000万円	13,272,700	9,815,000	73.94%	4,778,172	8,494,528	115.54%
15	55	5,000万円	14,220,750	10,235,000	71.97%	5,119,470	9,101,280	112.54%
16	56	5,000万円	15,168,800	10,600,000	69.88%	5,460,768	9,708,032	109.18%
17	57	5,000万円	16,116,850	10,915,000	67.72%	5,802,066	10,314,784	105.81%
18	58	5,000万円	17,064,900	11,170,000	65.45%	6,143,364	10,921,536	102.27%
19	59	5,000万円	18,012,950	11,365,000	63.09%	6,484,662	11,528,288	98.58%
20	60	5,000万円	18,961,000	11,485,000	60.57%	6,825,960	12,135,040	94.64%
28	68	5,000万円	26,545,400	7,885,000	29.70%	9,556,344	16,989,056	46.41%
29	69	5,000万円	27,493,450	6,470,000	23.53%	9,897,642	17,595,808	36.77%
30	70	5,000万円	28,441,500	4,720,000	16.59%	10,238,940	18,202,560	25.93%
31	71	5,000万円	29,389,550	2,585,000	8.79%	10,580,238	18,809,312	13.74%
32	72	5,000万円	30,337,600	0	0.00%	10,921,536	19,416,064	0.00%

※（法人の実行税率を36.00%と仮定）

※　平成27年3月1日現在の税制を参照

【図表19　2分の1損金の場合】

1/2損金の場合

年払保険料	975,750 円
年保険料	975,750 円

性別	男性
年齢	40歳

保険年度	年齢	死亡・生活障害保険金	A 保険料累計	B 損金算入累計	C 資産計上累計 A−B	D 軽減税額累計 B×34.33%	E 実質負担額累計 A−D	F 解約返戻金	G 解約返戻率 F÷A×100	H 実質解約返戻率 F÷E×100
1	40	5,000万円	975,750	487,875	487,875	167,487	808,263	240,000	24.5%	29.6%
2	41	5,000万円	1,951,500	975,750	975,750	334,974	1,616,526	940,000	48.1%	58.1%
3	42	5,000万円	2,927,250	1,463,625	1,463,625	502,462	2,424,788	1,645,000	56.1%	67.8%
4	43	5,000万円	3,903,000	1,951,500	1,951,500	669,949	3,233,051	2,350,000	60.2%	72.6%
5	44	5,000万円	4,878,750	2,439,375	2,439,375	837,437	4,041,313	3,065,000	62.8%	75.8%
6	45	5,000万円	5,854,500	2,927,250	2,927,250	1,004,924	4,849,576	3,775,000	64.4%	77.8%
7	46	5,000万円	6,830,250	3,415,125	3,415,125	1,172,412	5,657,838	4,495,000	65.8%	79.4%
8	47	5,000万円	7,806,000	3,903,000	3,903,000	1,339,899	6,466,101	5,215,000	66.8%	80.6%
9	48	5,000万円	8,781,750	4,390,875	4,390,875	1,507,387	7,274,363	5,935,000	67.5%	81.5%
10	49	5,000万円	9,757,500	4,878,750	4,878,750	1,674,874	8,082,626	6,660,000	68.2%	82.3%
11	50	5,000万円	10,733,250	5,366,625	5,366,625	1,842,362	8,890,888	7,340,000	68.3%	82.5%
12	51	5,000万円	11,709,000	5,854,500	5,854,500	2,009,849	9,699,151	8,020,000	68.4%	82.6%
13	52	5,000万円	12,684,750	6,342,375	6,342,375	2,177,337	10,507,413	8,705,000	68.6%	82.8%
14	53	5,000万円	13,660,500	6,830,250	6,830,250	2,344,824	11,315,676	9,385,000	68.7%	82.9%
15	54	5,000万円	14,636,250	7,318,125	7,318,125	2,512,312	12,123,938	10,075,000	68.8%	83.1%
16	55	5,000万円	15,612,000	7,806,000	7,806,000	2,679,799	12,932,201	15,370,000	98.4%	118.8%
17	56	5,000万円	16,587,750	8,293,875	8,293,875	2,847,287	13,740,463	16,350,000	98.5%	118.9%
18	57	5,000万円	17,563,500	8,781,750	8,781,750	3,014,774	14,548,726	17,335,000	98.6%	119.1%
19	58	5,000万円	18,539,250	9,269,625	9,269,625	3,182,262	15,356,988	18,320,000	98.8%	119.2%
20	59	5,000万円	19,515,000	9,757,500	9,757,500	3,349,749	16,165,251	19,305,000	98.9%	119.4%
30	69	5,000万円	29,272,500	14,636,250	14,636,250	5,024,624	24,247,876	28,925,000	98.8%	119.2%
40	79	5,000万円	39,030,000	25,511,795	13,518,205	8,758,199	30,271,801	37,165,000	95.2%	122.7%
50	89	5,000万円	48,787,500	42,384,135	6,403,365	14,550,473	34,237,027	41,875,000	85.8%	122.3%
56	95	5,000万円	54,642,000	52,507,539	2,134,461	18,025,838	36,616,162	34,880,000	63.8%	95.2%
59	98	5,000万円	57,569,250	57,569,250	0	19,763,523	37,805,727	0	0.0%	0.0%

※（法人の実行税率を34.33%と仮定）

※ 平成27年3月1日現在の税制を参照

11　リノベーション工事でどれくらい収益が変わる？

所有する築古のアパートをリノベーション工事したら、手取り金額はどれくらい変わるでしょうか。

【図表20　設例】

リノベーション工事費用	５００万円
自己資金	１００万円
借入金利	１・５％
返済期間	10年
現在の戸数	10戸
現在の空室率	60％
現在の家賃平均	５万円
リノベーション後の戸数	10戸
リノベーション後の空室率	５％
リノベーション後の家賃	５・５万円

リノベーション工事前の年間手取り金額　240万円
リノベーション工事後の年間手取り金額　584万円（ローン返済中）
627万円（ローン完済後）
増加する手取り金額は（ローン返済中）　344万円
（ローン完済後）　387万円
自己資金100万円の年間利回り　ローン返済中は　34・4%
ローン返済後は　37・7%
銀行預金で　0・03%
国債で　1・5%　です。
投資利回りは　ローン返済中は　68・78%
ローン返済後は、77・4%

以上を踏まえ、リノベーション工事をしましょうということではなく、リノベーション工事をすることにより、空室がどれだけ改善し、家賃がどれだけUPするのか、あくまでも予測ではありますが、何となく工事費を決めてするのではなく、いろいろなパターンをシミュレーションした上で、リノベーション工事をするのか、しないのか、工事費はどれだけかけるのかを自分で判断すべきです。何となく、言われるまま決めても、何となくの結果しか出ません。

【図表21　リノベーション工事】

12　賃貸経営独特のしくみ

賃貸経営独特の税務を学んでいないと、同じ物件であっても、Aさんは資産を残し、Bさんは資産をなくすというくらい結果が全く違ってきます。

賃貸経営を学んでいる投資家にとっては基礎的なことですが、資産税に詳しくない税理士だと、知らないことが多いです。

賃貸経営は、所得税対策になるといわれます。それは、実際、お金が出ていきませんが、経費にできる減価償却費があるからです。

しかし、新築時は、メリットが大きいのですが、年月が経つにつれ、節税効果は減少していきます。15年も経つと、設備の償却がなくなってしまいます。全体の2割～3割ではありますが、建物本体に比べ、短期間で償却するので、影響は大きいのです。

また、借入をしていると、利息は経費にできますが、元金は実際にお金が出ていくのに経費にできません。

その借入金の返済方式には、元利均等返済方式と元金均等返済方式があり、相続対策に向いている、また毎月の返済金額が一定、金融期間も利子が多く取れるのですすめる等から、元利均等返済方式で借りているほうが多いです。

【図表 22　減価償却費と元金返済額の経年比較】

借入金	1億円	借入期間	35年(元利均等返済)
建築費	1億円	金利	2%
減価償却費	建物	建築費の80%	定額法
	設備	建築費の20%	定率法
法定耐用年数	建物	47年	残存価額　0%
	設備	15年	残存価額　0%

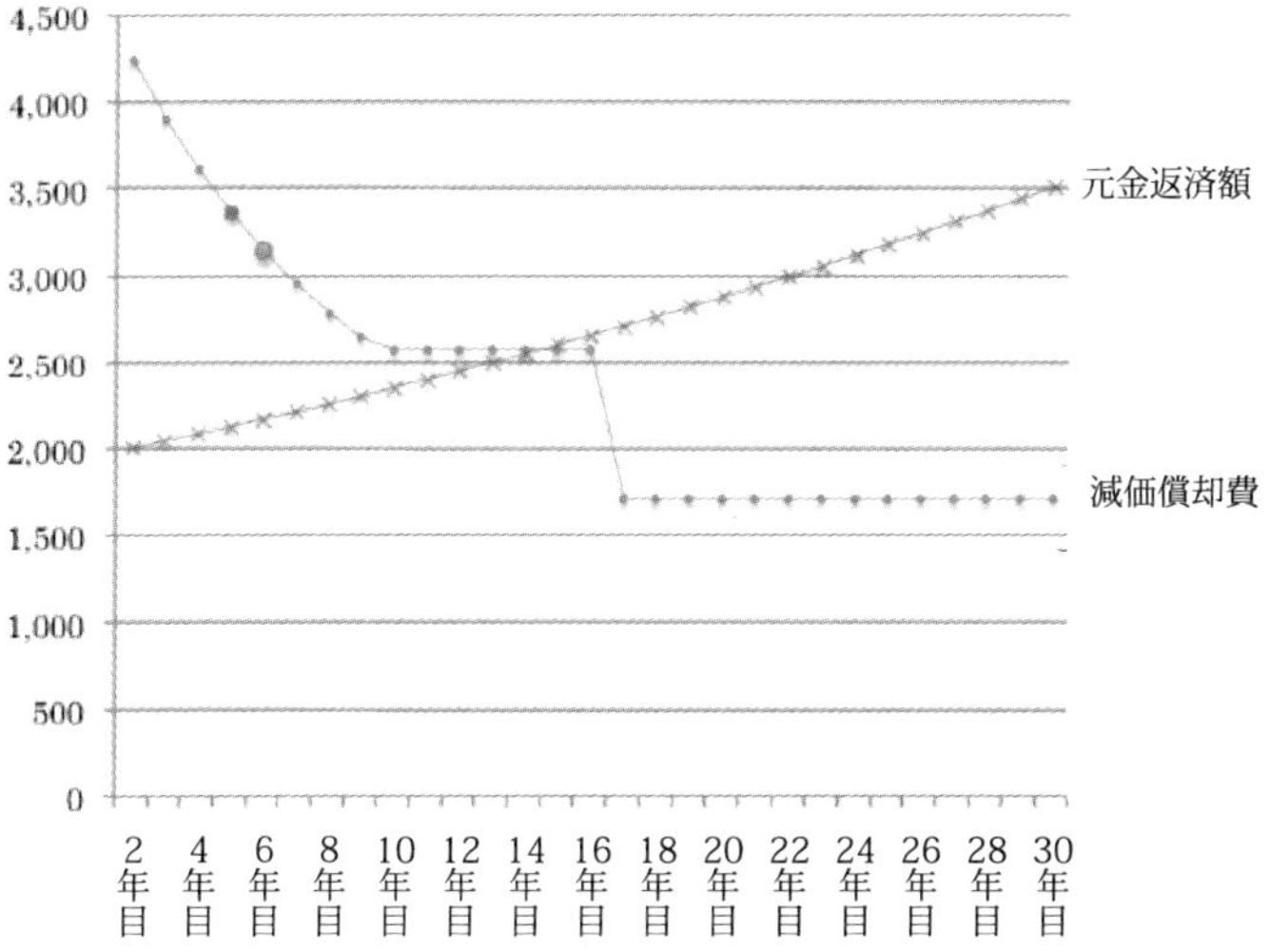

元利均等返済方式は、年数が経ち、返済が進むほど毎月の返済に占める元金の割合が多くなります。ということは、毎月、経費になる金利が減り、経費にならない元金の割合が増えることになります。

このお金は、出ていきませんが、経費にできる減価償却費とお金は出ていくので、経費にできない元金返済額が逆転するポイントをデッドクロス（黒字倒産）といいます。

このポイントを越えると、入居状況は同じでも、財務状況はどんどん悪化していきます。新築の場合で、70％以上ローンがある場合、10年～15年でほぼ起きます（返済方式によっては、もっと早まる場合もあります）。

新築時には、財布のお金より、納税するお金のほうが少なかったのが、年々納税するお金が増えていき、デッドクロスを越えると、財布の中のお金より、申告するお金のほうが多くなり、さらに年々差が広がっていくのです。ですから、賃貸経営は単年度ではなく、長期で考えることが大事です。

初期のキャッシュが残る時期にしっかり残し、10年以降にデッドクロスが起こる時期に対策を打てるようにしとおかないといけないのです。同じ満室であっても、築2年目と16年目では税引後のキャッシュフローは全然違います。

それに気づかないと、新築当初の状況がずっと続くと思い、家賃収入を使ってしまい、古くなってから息子さんが引き継いだときには、対策する原資が残っておらず、とても苦労する結果になってしまいます。

これでは、子供のため、家族のために相続対策、賃貸経営をされたと思いますが、家族から感謝をされるどころか、負の遺産を残してと恨まれることにもなりかねません。

点ではなく、線として賃貸経営は繋がっているので、早い時期から親子で学び、方向性を明確にし、賃貸経営をしなければいけません。

また、空室が多い地主系大家さんと話していると、「満室になって家賃収入が増えても、どうせその分、税金でもっていかれるから、空室でもいい」と言われる方がいます。

土地を売却したお金で建てたので、借入がない。もしくは、借入があっても返済比率が低いからだと思うのですが、よく話を聞くとそんなに預貯金がありません。

確かに今はそれで回っているのでいいと思いますが、現在の家賃収入は今使えるお金でもあり、将来、さらに古くなった場合の大規模修繕費、もしくはリノベーション費用、もしくは解体費用でもあるのです。

さらに、解体したままでは、土地の固定資産税が増えるので、次の事業に進むための資産（融資を受ける場合も属性により融資条件が変わります）、もしくは売却するにしても、満室の表面利回りと現況の表面利回りを参考に、買主は希望価格（指値）を入れてきます。最終の出口まで続いているのです。

部屋を借りているだけなら、その部屋に不満がある場合、敷金を精算し、次の部屋に引っ越せばいいのですが、換金性の低い不動産を所有している場合は、来月やめますというわけにはいかないのです。

税金で取られるからと、何もしないのではなく、どうすれば税引後のキャッシュフローを増やすことができるのかを考えるのが経営者の仕事です。

個人でするのか、法人に移すのか、新たな減価償却資産をふやすのか、生命保険等を使うのか、いろいろな選択肢があります。

そして、1社員であれば、半年後、1年後を考えていてもいいのかもしれませんが、経営者であれば、5年後、10年後のビジョンや、どのような状況で子どもさんに引き継ぐのかを考えなければいけません。

借金がいっぱい残って、内部留保のほとんどない、さらに建物を維持する修繕工事、価値を維持するリノベーション工事等ほとんどされていない賃貸アパート。売却しようにも借入の残債金額に満たず、追加でお金を出さないといけない賃貸アパート。

あなたが将来引継ぐ物件は、大丈夫でしょうか。今、回っているからと、無関心でいられますか。

第4章　経営者マインド

1　投資と投機の違い

投機とは、短期的な価格変動から利ざや（キャピタルゲイン）を狙います。金、プラチナ、ＦＸなどがその代表的なものです。ひと握りの勝者と、たくさんの敗者が出るゼロサムゲームで、宝くじやパチンコ、カジノに似ています。投機の目的は、自分が儲かることです。

一方、投資とは、将来的に増加し、自らに返ってくるのを期待し、資金または財産を投じる行為で、経済成長を促す行為です。企業に投資したり、株を買うのも投資です。

事業が成長すれば、雇用が生まれ、新しい商品、サービスが生まれ、それを消費することにより、経済がまわり、配当を受け取ります。銀行も、必要な企業、必要な人に融資し、経済成長の手助けをしています。

不動産投資も短期の転売で、売買差益（キャピタルゲイン）目的であれば投機になりますが、長期的運営より、継続的に賃料を得られる（インカムゲイン）のは投資で、安定的な投資運用先の１つになっています。

投機も、投資もリターンを得るために大なり小なりのリスクがありますが、リスクと賢く付き合い、管理することができるかがポイントです。

宝くじで外れるリスクは個人では管理できませんが、アパート経営の空室リスクは、適正な企画、立地選定、メンテナンスなどで下げることが可能です。
リスクを管理し、長期的視野で資産を運用するのが、投資であり、投機とは全く違うものです。

2　賃貸経営のメリット、デメリット

賃貸経営のメリット

賃貸経営（不動産投資）のメリットは、大きく分けると次の５つがあります。

⑴　安定収入

経営が軌道に乗れば、投資した不動産が家賃収入というインカムゲインを安定的にもたらしてくれます。

経済成長と人口増加をもとに制度設計されている年金は、年代により、もらえる年金額は、すでに年金をもらってる世代に比べ、かなり少なくなる可能性が高いです。

そのような事態に備え、安定した収入源を持っていれば安心できます。

⑵　レバレッジを効かせられる

テコの原理を利用することで、小さな力（資本）で大きな物（資金）を動かすことができます。

例えば、１，０００万円の自己資金で1億円の物件を買うと、９，０００万円の借入をすること

になります。得られる実質キャッシュフローが３００万円の場合、実際、自分が投資しているお金１，０００万円の自己資金運用利回りは、30％になります。定期預金などで、運用利回り30％というものはあり得ません。

ただし、レバレッジを効かせすぎると、その反動が大きいのでバランスを考えた活用が大事です。

⑶ 節税効果を得ながら資産運用できる

不動産投資にはいろいろな経費が必要ですが、これらを家賃収入から差し引くことができるので、「確定申告」により所得税や住民税を節税することができます。経費として「減価償却費」、「ローンの金利」「修繕費」「管理料」などになります。

さらに、「青色申告」をすることで、「欠損金の繰越控除」「特別控除」「専従者給与」などがあります。

また、相続税対策、固定資産税対策にも大変有効です。

⑷ 生命保険料が節約できる

借入で不動産投資をする場合、金融機関が指定する「団体信用生命保険」に入ることもできます。相続税対策の場合は、節税効果はなくなります。しかし、そうでない場合には、債務者が死亡、もしくは高度障害になったときに、借入の残金に相当する保険金を金融機関に支払ってくれるものです。

自分にもしものことがあった場合に、遺族にはローンのない不動産が残り、その後も毎月家賃収入が入り、安定した生活を送ることができます。

団体信用生命保険に加入した場合、現在加入している生命保険の見直し、もしくは解約を検討すべきです。

⑸　インフレヘッジに繋がる

インフレとは、今まで１，０００円で買えたのに１，５００円出さないと購入できなくなるという現象が起こり、現金、預貯金、債権などの価値が目減りすることをいいます。

一般的に、インフレのときには、資産価値も上昇する傾向にありますので、現金を不動産に変えていると、現金価値の目減りをヘッジすることができます。

ただし、家余りの現状では、立地や魅力のない物件は資産価値の上昇は難しいので、限定的なエリアのみが対象になります。

賃貸経営のデメリット

賃貸経営（不動産投資）のデメリットとしては、大きく分けると10あります。

⑴　**空室リスク**

入退去の際には、空室が発生し、家賃収入が減額になります。空室率を予測し、経営計画に盛り込んでおくことが大切です。

⑵　**家賃下落リスク**

何もしなければ、古くなるごとに、家賃は下落していきます。家賃以上の価値を提供できるように、商品価値を上げる対策を考え、実践する必要があります。

外壁塗装や間取り、内装設備等時代の変化にあったアパート、マンションになるように対応しないといけません。そのためには、初期段階で家賃収入を貯めていないと、負のスパイラルに落ちることになります。

⑶ 金利上昇・資金リスク

市場金利が上昇すると、当然不動産投資のローン金利も上昇します。そうすると、月々の返済額が増え、キャッシュフローが減少します。

多少金利が上がってもキャッシュアウトしないような、企画、そして返済比率を考慮した自己資金割合等を検討することが重要です。

また、元利均等返済や元金均等返済など、目的やリスクを考慮し選択する必要があります。

⑷ 地震、火災などのリスク

火災に備え、火災保険には必ず加入することが必要です。建物の構造、工法等により地震保険への加入を検討する必要もあります。

また、耐震基準を確認しておく必要があります。１９８１年（昭和56年）６月１日以降に着工した建物であれば「新耐震基準」の基づき設計されていますので、ある程度安心できますが、それ以前だと「旧耐震基準」に基づいた建物なので、大きな地震に対する安全性、損傷、倒壊等のリスクが高まります。

⑸　老朽化に伴うリスク

デザインを優先するあまり、メンテナンスのしにくい物件があります。また、複雑な構造ほど雨漏りのリスクが上昇します。

どちらの場合も、高額な費用をかけて修繕することになりますので、できるだけシンプルな形のほうがいいです。

⑹　管理上のリスク

不動産管理会社は、売買を得意としている会社と管理を得意としている会社があります。不動産会社の選択は安易に行わず、他の管理物件の入居状況等も踏まえ選ぶことが大事です。

今のお部屋探しは、インターネットで検索し、ある程度物件を絞って来店されるので、インターネットに弱い会社は厳しいです。店舗の大きさや立地だけで判断してはいけません。

⑺　不動産価格の下落リスク

満室であっても家賃が下がっている、または新築時の工事費が高すぎる等で、売却するとマイナス（キャピタルロス）が発生することがあります。

フルローンでアパート経営を行っている場合、売却金額だけでは借入を返済できず、追加の持ち出し費用が発生することもあります。

⑻　換金性のリスク

株や債券の金融商品に比べ、不動産は換金性が低いです。相続時の納税資金用の土地は売りやすい形で、保有することが大事です。

(9) 法的・制度的リスク

税制改正による変化に対応することが必要です。消費税、所得税、相続税などは、増税傾向です。

(10) 企画リスク

賃貸経営は、企画で8割決まります。立地や事業収支計画、資金など当初の計画で失敗すると、リカバリーするのは大変です。

利回りや返済比率等を考慮し、いろいろなパターンのシミュレーションをした上で、慎重な判断が大事です。

3 同僚は同じ悩みを共有できない

相続税の基礎控除額の縮小により相続税の納税割合は4%~6%に増加するといわれています。しかし、東京都内等大都市は別として、もともと課税対象者が少ないので、職場や地域のほとんどは相続税がかからないコミュニティーの中で、相続税の話をしても参考になりません。同じような境遇で悩んでいる人に会う確率は低いです。相続税対策や賃貸経営の悩みを相談しても、なかなか的を射た回答が得られるのは難しいのではないでしょうか。相続税のかからない95%~97%の方と相続税のかかる5%~3%のベクトルは全く違うのですから…。

また、建設会社に相談に行けば、建設会社は建てることにより初めて利益が出るので、その方向での話になります。不動産会社であれば、売ることで初めて利益が出るので、その方向での話になることが多いです。

同じ悩みや目標を持つコミュニティー（大家塾であったり、大家の会等）に参加して学ぶことにより視野が広くなり、リスクを理解した上で冷静な判断ができるのではないでしょうか。

また、そのつながりの中で、同じ大家としての立場で、資産税に強い税理士を紹介していただいたり、他の信頼できる士業等の専門家とのつながりを持つことができます。

4　何年も物件を見ていない

何年も空室で悩んでいる大家さんに、「最近、物件をいつ見られましたか」と聞くと、１年以上物件を見ていない方が多かったりします。

悩んでいる割に物件を見てない。空室になると、管理会社が、空室対策がわかっていない現状回復工事を空室対策がわかっていないリフォーム会社に丸投げし、管理会社は現状回復工事に３割乗せて家主に請求します。

その結果、長期の空室の状況が続くことになります。それを見てお金かけても、空室が埋まらないと嘆き、さらに空室期間が延びていきます。アウトソーシングするのはいいのですが、依存の関

【図表 23　崩れた物件】

係では、長期空室は埋まりません。

以前の入居者の解約理由（転勤、新築は無理ですが）を改善するのが経営者の仕事です。

また、地域の中で差別化できているのか分析し、対策を立て、実行（アウトソーシング）するのが経営者の仕事です。

前職時代に、県外のお客様から、貸家の管理をしてほしいとの連絡がありました。早速現地確認に行くと…。

物件が崩れていました（図表23）。前面道路は通学路でもあったので、土地の固定資産税の軽減はありますが、安全性を踏まえ、解体していただきました。

近所の方も、ネズミや虫が出て困っており、変な人が出入りしたり、火災にならないか心配されていたとのこと。更地になったことで、感謝されました。

5　企業生存率

企業が10年後も事業を続けている確率（企業生存率）は、約６％といわれています。１００社が10年後には６社ということで、厳しい世界だと思います。

賃貸経営ではどうでしょうか。筆者の周りの地主系大家さんは、賃貸経営がうまくいかず倒産した方はいません。ですから、全く経験のない方にも、担保があれば、１億円の融資をするのだと思います。

土地を持っている素人の方が、ラーメン屋をするので1億円貸してくださいと金融機関に相談に行っても、融資してくれる可能性はほぼないのではないでしょうか。それだけ安定しているといえます。

ただし、長期事業なので、問題が顕在化してくるのがかなりの時間が経ってからということがあるのかもしれません。減価償却と元金の返済額の推移により起こるデッドクロス（黒字倒産）を回避するために、長期的に対策を立てる必要があります。

ローンが元利均等返済であれば、築後10年～15年くらいでお訪れます。減価償却の仕方と青色申告のセオリーを守り、内部留保を多くし、デッドクロスを回避する対策をとれるようにすることが大事です。

家賃収入が入りだすと、一気に生活水準が上がる大家さんがいらっしゃいます。アパート1棟しかないのに、訪問する度に、今まで軽自動車だったのが普通自動車になり、車庫ができ、立派な塀ができ、自宅のリフォームが始まり、将来のデットクロスを回避する内部留保を使っています。

満室経営が続いていると、デッドクロスに近づいていることに気づきません。この話をすると、顔色が悪くなる大家さんがいらっしゃいます。また、お任せで賃貸経営をされている方は、この意味を理解していただくのにかなり時間を要します。

しかし、状況は刻々と変わっています。茹でガエルにならないようにしましょう。

6　地主ではなく経営者

例えば、３億円の資産がある地主は、３億円の資産がある会社の経営者と同じではないでしょうか。経営者は、どうすればビジネスが上手くいくだろうか、お客様に喜んでいただくためにはどうすればいいのだろうかと、常に考え、いろいろなセミナーや研修に参加し、学んでいます。

しかし、多くの地主系大家さんは、学ばず任せっ放しです。

確かに、地方に行けば行くほど、学ぶ場がなかったり、ほんのわずかだったりします。業界的にも、「寝た子を起こすようなことをするな」といった風潮があります。知識差があったほうが、建設会社、不動産会社として楽なのです。しかし、知識の差は、利益の差になります。

また、長期間賃貸経営をしていくと、税制改正等、いろいろなことがあります。

例えば、原状回復をめぐる国土交通省のガイドラインが変わり、以前より大家さんの負担が増えました。「そんなこと聞いていない」と他人事で問題に向き合わないのか、変化に対応するために不動産会社等のアウトソーシング先とパートナーシップを持ち向き合うのかです。

部屋を借りているだけなら退去すればいいのですが、高額な借入をし、賃貸アパートを建てている以上、「やっぱりや～めた」はできないのです。もちろん、売却という方法もありますが、家賃が下がり、空室が多かったり、フルローンで借りて家賃収入を浪費していた場合は、売却しても借入が残る可能性が高いので、出口が見えない可能性があります。

経営者として、長期的戦略に立ち、デッドクロス（黒字倒産）をどう回避するのかです。何年目に繰上げ返済するとか、何年目に新たな減価償却資産を買うとか、内部留保を蓄え回避するのか、任せっ放しでは任せっ放しの結果しかありません。

そして、経営者として、理念とビジョンを持たないといけません。自分は、何のために賃貸マンション・アパート経営をしているのだろうか、将来どうなりたいのか、そしてそれを実現するためにはどのようにすべきか―地主ではなく、経営者にマインドチェンジをし、親子で学び、適正な賃貸経営をしていくことが大事です。

7　人口減少社会なので…

「人口減少社会なので、これから賃貸経営はダメです」―昨日も言われました。

しかし、その影響を受けるのは、賃貸経営だけですか。日本で行うほぼすべての事業が当てはまり、日本で事業をしたらダメになりませんか。

今までより慎重になる部分は必要かもしれませんが、リスクを把握した上で行動することが、すべてのことにおいて大事じゃないでしょうか。できない理由は、いくらでも出てきます。

別に賃貸経営をしなくてもいいと思います。他の選択肢もあるので、それでもいいと思います。

また、何もしないという選択肢もありだと思います。

選択しているのであれば…。しかし、思考停止に陥り、問題を先延ばしするのはどうでしょうか。何もしないことがリスクの人が、何もせずに神風が吹くのを待っているのはどうなのでしょうか。

8　小規模企業共済

小規模企業共済制度は、個人事業をやめられたとき、会社等の役員を退職したとき、個人事業の廃業などにより共同経営者を退任したときなどの生活資金等をあらかじめ積み立てておくための退職金積立制度です。独立行政法人中小企業基盤整備機構が運営しています。

月々1，０００円～７０，０００円の範囲で終身掛け続けることが可能です。

掛金が全額所得控除になる等、所得税の優遇措置があります。また、死亡退職金についても、生命保険と同額で非課税枠がありますので、相続税対策にもなります。目的もなく預金するよりも、これを使ったほうが効果的です。

ただし、掛金の納付月数が、２４０か月（20年未満）の場合は、掛金合計額を下回ります。また、サラリーマンの方は、加入することができませんのでご注意ください。

課税される所得金額が８００万円の方が、月額３万円の掛金を掛けると、年間１２０，５００円の節税になります。年間36万円の掛金で約12万円の節税になるので、約33％の利回り商品と見ることもできるのではないでしょうか。定期預金とどちらがいいかは明らかですね。

また、現金が長期間凍結してしまうという考え方もありますが、納付した掛金の範囲内で事業資金等の貸付を受けることができます。

【図表 24　掛金の全額所得控除による節税額】

課税される所得金額	加入前の税額(a)	加入後の税額(b)			加入後の節税額(＝a-b)		
	所得税＋住民税	掛金月額1万円	掛金月額3万円	掛金月額7万円	掛金月額1万円	掛金月額3万円	掛金月額7万円
200万円	309,600	288,900	252,700	180,200	20,700	56,900	129,400
400万円	785,300	748,800	675,800	544,000	36,500	109,500	241,300
600万円	1,393,700	1,357,200	1,284,200	1,138,100	36,500	109,500	255,600
800万円	2,034,200	1,994,100	1,913,700	1,753,000	40,100	120,500	281,200
1,000万円	2,806,000	2,753,600	2,648,700	2,439,000	52,400	157,300	367,000

出所：独立行政法人　中小企業基盤整備機構　シミュレーション

9　法人化の分岐点

法人化の分岐点は、個人の課税所得金額が８００万円から９００万円を超える、またはこれから物件を増やし、将来的に超えてくる可能性がある場合、法人化を検討すべきです。

単純に所得税と法人税の税率による所得税の減税効果だけでなく、同族役員への所得の分散、役員の給与所得控除、また事業に必要なものを経費化しやすい、青色申告による10年間の損金繰延べ等のメリットがあります。

また、家賃収入により、相続財産も年々積み上がっていくことにより、賃貸経営者が亡くなったときに、相続税が増えることになります。

個人に対する税制は厳しくなる一方ですが、法人に対する税率は国際競争力の観点からも、減税方向にシフトしています。

法人化のメリット

法人化のメリットは、次の5つです。

(1)　役員報酬により所得分散ができる

個人の場合、所得が増加していくことにより、個人の所得税額は累進的に増えます。これに対し、法人の場合、本人や配偶者、子どもなどに役員報酬を払うことにより、所得分散することができ、所得税、住民税を減らすことができます。

また、「給与所得控除」を利用できますので、効果が大きいです。

法人がオーナーに退職金を支払うと、さらに所得税軽減にもなります。役員報酬や退職金は法人の損金になるので、法人税の軽減にもなります。

(2) 相続税対策としても効果的

法人名義の財産は、個人の相続財産から除かれます。しかし、オーナーの持つ自社株は、相続税の対象になるので、相続までにその自社株を贈与等で家族に移せば、相続税の軽減になります。また、不動産の相続、贈与には登記費用などがかかりますが、法人の場合は自社株となるため登記費用などがかかりません。

自社株の評価についても、不動産に比べ対策が取りやすいです。

(3) 法人のほうが経費が認められやすい

個人の場合、経費が認められにくいですが、法人の場合、生命保険など個人よりも経費が認められやすくなります。

それと、会社設立時の資本金が1，000万円未満であれば、会社設立後1年間は免税事業者として消費税の納付が免除されます。

(4) 減価償却を繰り延べられる

個人の場合、毎年、必ず減価償却をしなくてはいけませんが、法人だと任意償却なので、減価償却せずに翌期以降に繰り延べることができます。

(5) 赤字の繰延年数

個人の場合、赤字を出したときは3年間までしか繰り延べられませんが、法人の場合は10年間繰り延べられます。

【図表25　法人と個人の税率比較】

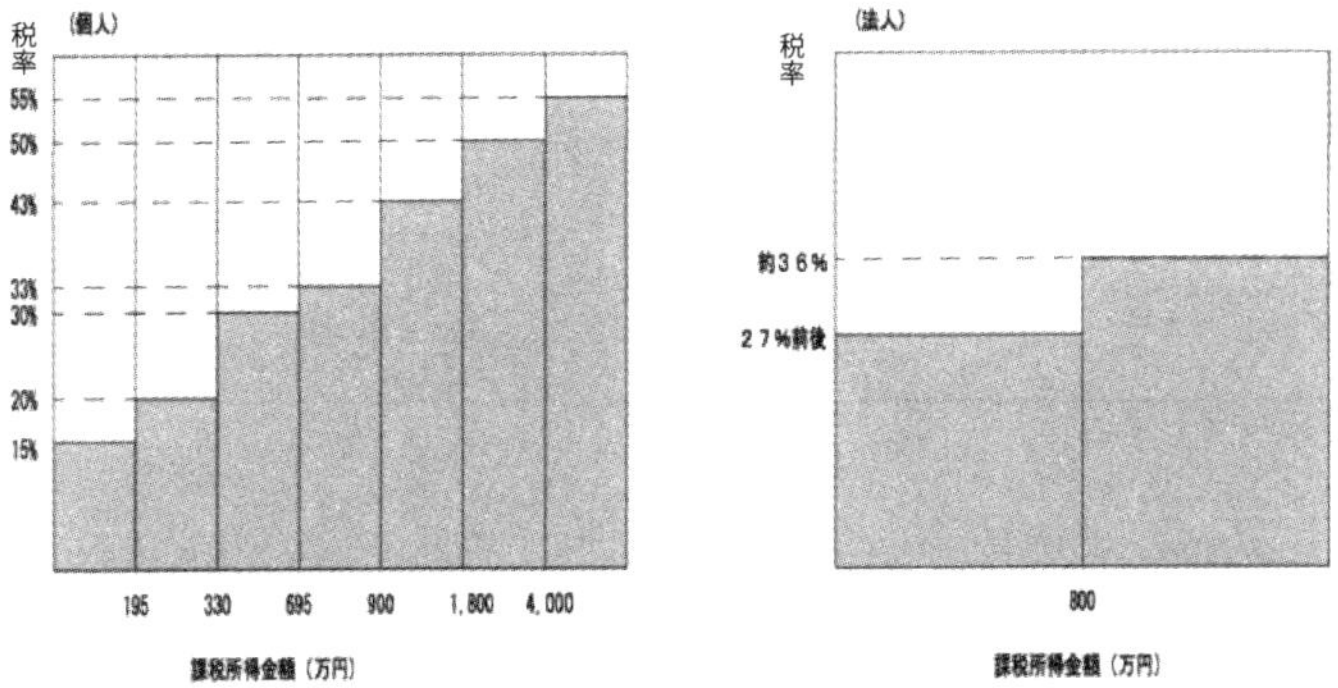

【図表26　個人への課税】

課税される所得金額	税率	控除額
195万円以下	15%	0円
195万円を超え　330万円以下	20%	97,500円
330万円を超え　695万円以下	30%	427,500円
695万円を超え　900万円以下	33%	636,000円
900万円を超え　1,800万円以下	43%	1,536,000円
1,800万円を超え　4,000万円以下	50%	2,796,000円
4,000万円超	55%	4,796,000円

課税所得金額	表面税率			実効税率
	法人税	法人住民税	事業税	
400万円以下の部分	15%	12.9%	3.4%	21.42%
400万円超800万円以下の部分			5.1%	23.20%
800万円超の部分	25.50%	4.41%	6.7%	36.04%

2015.4.1～

法人化のデメリット

法人化のデメリットは、次の4つです。

(1) 株式会社の設立費用がかかる

株式会社の場合、一般的に30万円ほどの設立費用がかかります。
また、会社を解散するときにも費用がかかります。

(2) 税理士費用等が必要になる

個人の場合、自分で確定申告していた人も、法人になると届け出書類等が煩雑になり、税理士等の専門家に依頼する必要性が生じ、手数料や顧問料等がかかります。

(3) 社会保険に加入しなければならない

法人の場合は、代表者1人であっても、原則、社会保険に加入しなければなりません。

(4) 赤字でも税金がかかる

個人の場合、赤字であれば所得税が発生しませんが、法人の場合、毎年法人住民税の均等割（最低7万円）が発生します。

法人化の方法

法人化の方法としては、3つのやり方があります。

(1) 法人を設立し賃貸アパート・マンションを法人に売却

もうすでに個人で持っている場合、法人を設立し、建物だけを簿価で売却します。こうすることで、譲渡価格が譲渡原価と同じになるので、譲渡所得が発生せず、無税で法人にマンションを売却することができます。

一方、会社は、不動産所得税、登録免許税等経費が５％〜10％ほどかかるので、それを考慮してもメリットがあるのか検討が必要です。

また、土地オーナーと会社で、相当の地代で土地の賃貸借契約を結びます。

ちなみに、相当の地代とは、相続税評価額の年６％程度といわれています。

そして、契約書に、「賃借人は、将来、土地の返還をする際に借地権の買取請求をしない」旨の特約をし、税務署に契約書のコピーと「土地の無償返還に関する届出書」を提出します。

将来的に借地権を発生させないための届け出です。建物を法人が取得し、借地となる場合、実際に地主に権利金を支払っていなくても、法人は大きな権利を手に入れたこととみなされ、課税されることがあります。

無償返還の届出を提出することにより、法人は地主に権利金を払わず、かつ相当の地代を支払うことで済ませることが税務的に認められます。

さらに、相続が起きた際には、土地の評価額が更地の80％とみなされ、相続税上も有利です。

⑵　管理委託方式

法人を設立し、賃貸アパート・マンションの管理委託をします。通常、管理会社に管理費を払っている業務を、自分で法人を設立し、自分で行います。そうすることで、管理費相当分を法人に移転することができます。

ただし、この管理料の額が時々問題になります。一般的に5％前後くらいが相場です。また、管理費収入の中で、家族の給与や自分の給与を払うことで、所得分散になるのですが、かなりの規模がないとあまりメリットがありません。

⑶　一括借上方式

法人を設立し、自分が管理会社となって、自分の建物を一括借上します。そうすることで、保証料10％～20％を法人に移転することができます。

名義を移転しないのであれば、これがいいです。

10　火災保険

建物を対象とした火災保険は、オーナーさんが加入し、家財を対象とした火災保険には、入居者に加入してもらうことになります。

建物の火災保険の保険金額（支払限度額）には、時価と新価があります。時価は新築時の価値から経過年数の価値の減少分が差し引かれて支払われます。したがって、どの時点かによって、再度建築するのに必要な金額、または修繕するのに必要な金額が保険金として受け取れないリスクがあります。

金融機関主導で加入する火災保険は、時価であることが多いです。金融機関とすれば、借入金が返済不能にならなければいいので、時価相当額でいいのです。

一方、新価の場合は、設定した保険金額を上限に、再度建築する金額や、実際に修繕するのに必要な金額を保険金として受け取れます。したがって、火災保険は、時価に比べて保険料は高くなりますが、新価とするのが望ましいです。

すでに加入している方は、新価なのか、時価なのか、確認しましょう。

火災保険は、地震が対象の火災については、対象外になります。その部分をカバーするためには、地震保険の加入が必要になります。

地震保険は、「地震保険に関する法律」により、政府と民間の損害保険会社が共同運営するものです。目的は、地震災害による被災者の生活の安定に寄与することであり、地震により倒壊した建物の完全復旧ではありません。保険金額の30％～50％の範囲内です。

11　リバウンド

賃貸経営においては、減価償却費はとても優秀な経費です。財布からお金は出ていかないが、経費にすることができます。減価償却費をたくさん落とすことにより、税引後のキャッシュフローが多くなります（もちろん、損金の繰延年数を考慮しバランスをとることが大事ですが）。

ただし、落としすぎるとリバウンドすることがあります。減価償却費を落とすことにより、帳簿上の金額である簿価が痩せていきます（減っていきます）。

所有しているときにはいいのですが、売却するときにリバウンドすることがあります。売却金額から簿価を差し引くことで売却益を計算しますので、売却金額が大きくなり、簿価との差が開くほど売却益が出て、それに対してたくさんの税金を持っていかれます。

将来、売却する予定があるのであれば、そのときの税金対策も検討しなければいけません。

また、過度な節税と金融機関からの融資は、反比例します。金融機関の格付けを悪くし、融資が受けられなくなったり、よい条件、低い金利で借りられなくなる可能性があります。

なかなか難しいのですが、総合的にバランスを取り、計画を立てる必要があります。過度な節税より、金融機関の格付けが上がり、金利が下がったほうが、賃貸経営が安定する場合もあるのです。

もちろん、ダイエットしなければ、基本的には痩せません。そして、年齢を重ねると、痩せにくくなり、いろいろなところに肉がつき、太っていくのと同じように、節税意識の薄い場合には、家賃以上の価値を提供するために、将来必要な費用が捻出できず、空室が増え、家賃が下がり、さらにキャッシュフローが悪くなるという負のスパイラルから抜け出せなくなります。

第5章　引継ぎを成功させる方法(1)

1　相続の基本

民法では、誰が相続人になれるか、また誰がどれだけもらえる権利があるのかを定めています。法定相続人になれるのは、まず配偶者（夫や妻）です。他の相続人に関係なく、常に相続人になれます。

優先順位は、第一順位は子ども（直系卑属）第二順位が父母（直系尊属）、第三順位が兄弟姉妹です。第一順位の子どもがいない場合のみ（子どもが先に亡くなり、孫以降の代襲相続人もいない場合を含む）第二順位である父母が相続の権利を得ます。また、父母もいない場合には、第三順位の兄弟姉妹が相続の権利を得ることになります。

では、それぞれどれだけもらえる権利があるのでしょうか。

基本的には、配偶者の法定相続分を引き、残りを同順位の法定相続人で等分することになります。配偶者と子どもの場合、配偶者が2分の1、子ども2分の1で、子どもが数人いる場合は、その2分の1を等分することになります。

子どもが1人もいなければ（代襲相続人含む）父母が相続人になり、配偶者が3分の2、父母が3分の1です。さらに、父母もいない場合には、被相続人の兄弟姉妹が相続人になり、配偶者4分の3、兄弟姉妹4分の1になります。

子どものいない夫婦で、夫が亡くなった場合には、妻は夫の兄弟姉妹と相続財産を分けることになります。

主な相続財産が自宅しかない場合、自宅を売却して分けないといけないリスクもありますので、遺言でリスク回避しておくことが大事です。

兄弟姉妹には、「相続人が最低限、相続を受ける権利」である遺留分を認めていないので、この場合、遺言でトラブルを防ぐことが可能です。

また、法定相続分は、もらえる権利があるだけで、必ずこのとおりに分けなければならないわけではなく、相続人同士の話合いで自由に決めることは可能です。

相続税は、相続財産（土地、建物、預貯金、有価証券など）の合計が基礎控除額以下であれば、相続税はかかりません。

基礎控除額は、３，０００万円＋（６００万円 × 法定相続人の数）になります。

また養子は、民法上実子と同じ権利を持ち、法定相続人にも含まれます。ただし、相続税の計算上、法定相続人になれる養子は、実子がいる場合は１人まで、実子がいない場合は２人までと決められています。

法定相続人が増えると、その分基礎控除額も増えるので、結果的に相続税が減る可能性があります。

【図表26　相続財産に含まれるもの】

●一般的な相続財産
現金（タンス預金、貸金庫）
預貯金（銀行、信用金庫、郵便局、農協）
不動産（土地、建物）
有価証券（株式、投資信託、小切手、手形、国債、社債、外国債等）
経営する会社の自社株
貸付金
貴金属、宝石、骨董品、美術品、アンティーク家具
権利（ゴルフ会員権、リゾート会員権、特許権、著作権等）
動産（自動車、事業用重機、家財）
相続3年以内の贈与財産
相続税精算課税制度を選択した贈与財産
●みなし財産
死亡保険金（生命保険、共済金）
死亡退職金

生命保険契約に関する権利
●負の財産
借入金、未払金、葬儀費用
その他
保証債務（保証人になった借入金）

【図表27　早見表を使った相続税の簡易計算】

①　法定相続人の把握
法定相続人は誰？
法定相続人は何人？
②　課税遺産総額を把握
不動産の遺産総額は？
現預金、有価証券、受取り生命保険は？
③　早見表を使って相続税額を計算
法定相続人が法定相続分を相続した際の税額です。
配偶者がいれば、配偶者の税額軽減の法定相続分を考慮した税額です。

【図表27　相続税早見表】

単位：万円

遺産総額	配偶者がいる場合			配偶者がいない場合		
	子供1人	子供2人	子供3人	子供1人	子供2人	子供3人
10,000	385	315	263	1,220	770	630
15,000	920	748	665	2,860	1,840	1,440
20,000	1,670	1,350	1,218	4,860	3,340	2,460
25,000	2,460	1,985	1,800	6,930	4,920	3,960
30,000	3,460	2,860	2,540	9,180	6,920	5,460
35,000	4,460	3, 735	3,290	11,500	8,920	6,980
40,000	5,460	4,610	4,155	14,000	10,920	8,980
45,000	6,480	5,493	5,030	16,500	12,960	10,980
50,000	7,605	6,555	5,963	19,000	15,210	12,980
60,000	9,855	8,680	7,838	24,000	19,710	16,980
70,000	12,250	10,870	9,885	29,320	24,500	21,240
80,000	14,750	13,120	12,135	34,820	29,500	25,740
90,000	17,250	15,435	14,385	40,320	34,500	30,240
100,000	19, 750	17,810	16,635	45,820	39,500	35,000
150,000	32,895	30,315	28,500	73,320	65,790	60,000
200,000	46,645	43,440	41,183	100,820	93,290	85,760

【図表 28　通常の相続税計算】

遺産総額5億円　相続人　配偶者、子供2人の場合（単位：千円）

1. 課税遺産総額の計算

遺産総額		基礎控除額		課税遺産総額
500,000	−	48,000	＝	452,000

2. 法定相続分どおり相続したとして、相続税の合計額を計算

課税遺産総額			法定相続分		税率		控除額		税額		相続税総額
452,000	→	母（1/2）	226,000	×	45%	−	27,000	＝	74,700	→	131,100
	↘	長男（1/4）	113,000	×	40%	−	17,000	＝	28,200	↗	
	↘	次男（1/4）	113,000	×	40%	−	17,000	＝	28,200	↗	

3. 各相続人の相続税額を実際の配分に基づいて計算

		相続税の総額		実際の相続割合		実納付税額		
母の相続税額	＝	131,100	×	1/2	→	65,550	→	配偶者は税額軽減があるので税額がゼロに
長男の相続税額	＝	131,100	×	1/4	→	32,775		
次男の相続税額	＝	131,100	×	1/4	→	32,775		

※配偶者の法定相続分1/2もしくは1億6,000万円まで

相続税額　＝　6,555万円

相続税の速算表

法定相続人の取得金額	税率（％）	控除額
0〜1,000万円以下	10	0万円
1,000万円超〜3,000万円以下	15	50万円
3,000万円超〜5,000万円以下	20	200万円
5,000万円超〜1億円以下	30	700万円
1億円超〜2億円以下	40	1,700万円
2億円超〜3億円以下	45	2,700万円
3億円超〜6億円以下	50	4,200万円
6億円超	55	7,200万円

2　相続対策の3原則

相続対策は、1つではなく、基本的には分割対策、納税資金対策、節税対策の3つがあります。

一般的にまず節税対策を行い、次に納税資金対策、そして最後に分割対策をする方が多く、ハウスメーカーや不動産会社もその順番で提案することが多いです。

しかし、本当は、まず相続時に揉めないようにどのように分けるのか（分割対策）、次に10か月以内に納税できるように準備しておき（納税資金対策）、そして最後に余分な税金を払わないようにする（節税対策）という手順を踏むべきです。

採算性の悪い賃貸アパート、マンションを建ててしまったため、遺産分割ができなくて揉めたり、納税用の売却不動産がなくなったり、借金のストレスに苦しめられたりするケースが多々あります。

分割や納税を優先すると節税がしにくく、節税を優先すると納税がしにくくなるので、シミュレーションを重ね、慎重に検討する必要があります。

3　なぜ地主が相続税対策をするのか

国税庁より毎年公表されている図表29の相続財産の金額の構成比の推移（平成25年）の不動産の

【図表 29　相続財産の金額・構成比の推移】

相続財産の金額の推移

項目＼年分	土　地	家　屋	有価証券	現　金・預貯金等	その他	合　計
	億円	億円	億円	億円	億円	億円
平成6年	112,547	8,159	13,199	15,002	9,937	158,845
7	117,303	9,009	13,799	17,718	11,108	168,937
8	105,768	6,411	13,696	18,053	10,977	154,906
9	101,778	6,068	14,310	18,949	11,351	152,457
10	98,244	6,402	10,748	19,527	11,276	146,196
11	94,233	6,816	12,699	21,275	13,695	148,718
12	89,083	6,107	12,113	21,226	14,283	142,812
13	78,448	6,117	13,418	20,712	14,149	132,844
14	71,321	6,244	10,210	20,246	13,570	121,591
15	66,315	5,736	10,664	21,391	13,899	118,004
16	58,298	5,932	12,496	21,770	10,992	109,488
17	56,843	6,336	15,049	23,114	11,542	112,884
18	54,491	5,750	17,966	23,488	12,280	113,974
19	55,847	6,184	18,486	23,971	12,459	116,948
20	58,497	6,385	15,681	25,363	12,091	118,017
21	54,938	6,059	13,307	24,682	11,606	110,593
22	55,332	6,591	13,889	26,670	12,071	114,555
23	53,781	6,716	15,209	28,531	12,806	117,043
24	53,699	6,232	14,351	29,988	12,978	117,248
25	52,073	6,494	20,676	32,548	13,536	125,326

相続財産の金額の構成費の推移

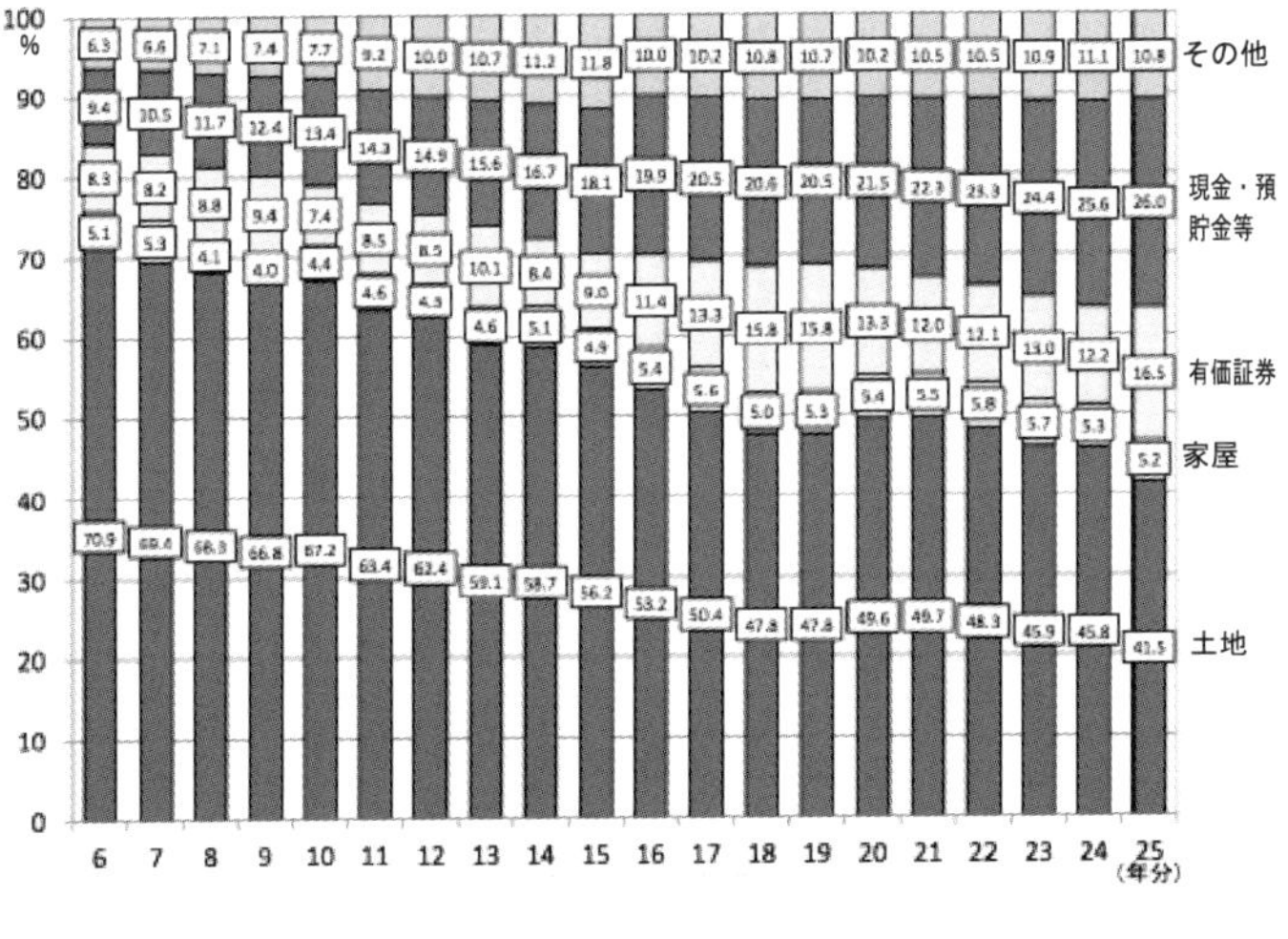

占める割合を見ると、約15年前の71・6％からは減っているものの、46・7％と全財産の約半分です。

また現金、預貯金については、26％なので、実質負担率が上がってくると、何らかの相続財産を処分したり、相続人が所有する財産から支払わないといけなくなってきます。

仮に一次相続では、現金、預貯金のみで納税できたとしても、二次相続時には、現金、預貯金では納税できない可能性が高くなります。

納税は、10か月以内の現金納付が原則になっていますが、換金性の低い不動産の割合が多い場合は、事前に相続対策をしておかないと間に合わないことが多いからです。

4　家督相続しか知らない

昭和22年には家督相続が廃止になりましたが、いまだに家督相続のイメージしかない方がいらっしゃいます。

長男が引き継ぎ、他の兄弟は相続放棄する。何も言わず印鑑を押すので相続で揉めることはないとおっしゃられる方がいらっしゃいます。

仮に兄弟同士は仲がよかったとしても、配偶者がいると、ほとんどの場合、権利の主張が始まります。たくさんはもらわなくてもいいけれど、もらえる権利がある分は確実にもらってきてと…。

まだ相続人が30代くらいで若いと、自分で稼ぐのでそこまで主張しないこともありますが、50代から60代だと最後のリカバリーするチャンスだということで、揉める確率が高くなっているように感じます。

親が、生前に意思をはっきりさせ、それを伝えることが大事です。

5　まずは現状把握から

相続対策のスタートは、「財産の棚卸し」からです。現状把握することにより、対策も見えてきます。正確な課税遺産総額を税理士に試算してもらってもいいですが、路線価は毎年変わりますし、税制も変わりますので、毎年厳密な試算してもらうにはかなりの費用がかかります。

また、税理士に相続税を試算してもらったら、すぐに大手ハウスメーカーが営業に来たというのは、よく聞く話です。

信頼できる税理士に、ざっくりとした課税遺産総額を算出してもらう、または自分で算出してみることから始めましょう。

そのときに、父親とコミュニケーションを図ることにより、もしものときに売るつもりの土地が境界が不明確だったり、隣地の地主と揉めている、または見た目は普通の更地だが以前あった工場の杭が埋まっている、所有する建物にアスベストが使用されており高額な解体費用がかかってくる等、後々問題になりそうなことが、わかる可能性があります。

6　資産を分類

不動産を、自宅等の「子や孫に遺す資産」、貸駐車場等の「相続税を納税するための資産」、そして賃貸アパート等の「活用し収益を上げる資産」に分類します。活用し収益を上げる資産」とは、交通の便がよい、幹線道路沿い、商業地、容積率が高い土地などです。

相続対策をしても、相続税がゼロにならないことも多いので、納税資金対策を考えないといけません。現金で払えるのか、払えない場合は売却する資産を換金しやすい状態で残しておくことが大事です。

7　不動産は共有しない！

兄弟姉妹の不動産の共有相続は、百害あって一利なしです。どんな小さな持ち分でも、所有権がその不動産全体に及び、遺産分割の先送りと同じ結果になります。

兄弟姉妹の不動産の共有は絶対に避けるべきです。１棟のマンションを共有してしまうと、話がまとまらないので、売却はもちろん、入居対策のためのリフォームですらできなくなります。揉めているうちに、空室期間がどんどん伸び、不良債権化してしまいます。

もちろん、土地も同じで、長男は土地活用を、次男は売却を、長女は貸したいみたいな感じで話がまとまりません。不動産業者も、最初はよい話を持って行っても、結局決められない家というレッテルを貼り、よい情報も入らなくなります。

機会損失をし、さらにランニングコストを払い続ける、「負債」「死産」ができあがるだけなので、不動産は共有にしてはいけません（親子、夫婦は、状況により必要性がある場合があります）。

さらに、相続を重ねる度に、権利関係が複雑になっていくというリスクも抱えています。

土地を分割し、各相続人の独立した所有権にしておくことが理想です。

また、アパート、マンションを1棟だけ所有している場合、複数の相続人に分割することができませんが、同じ工事金額でも、戸建賃貸もしくはテラスハウスが複数棟あれば、分割することが可能になります。

そして、それぞれの相続人が、賃貸として貸してもいいですし、売却したい方は単独で売却することも可能です。また、自らの自宅として住むことも可能と、相続人それぞれが単独で選択して、行動に移すことが可能になります。どのように分けるかも意識して、土地活用することが大事です。

8　リスク耐性

リスクに対する抵抗力は、人それぞれです。少しの借入でも不安で眠れなかったり、数億円の借入をしても何とも感じなかったり…。しかし、根本的には、リスクに向き合って、その対策（完全ではなくても）を具体的に考えているのか、目を背け何となく不安なのかの違いかもしれません。リスクに対して、例えば団体信用生命保険等の保険に加入したり、フルローンにするのではなく返済比率を考慮した借入金額にするのか、他の土地を売却し繰上げ返済する等、リスクに対するリカバリー方法を考えている人は、リスクを取り、収益も上げ、資産を維持、増加しているように感じます。

逆に、そのリスク対策を考えずに、不安でしょうがない人もいます。おそらく夜も眠れないほど不安なのだと思います。いろいろな場所でその不安を、関係する人に長時間に渡ってぶつける人もいます。精神の状態をコントロールできていない状況です。

これでは、相続対策として成功しても、その方は幸せな時間を過ごすことができていません。その家族も同じでしょう。個人的には、賃貸アパートを売却し、借入を返済することにより、健康な状態を取り戻したほうが、はるかに幸せなのではないかと思います。

もちろん、相続税でたくさん不動産を売却することになると思いますが、健康を害し、病気になるよりはいいのではないでしょうか。

また、賃貸アパートの4，000万円の借入は不安で反対でも、住宅ローンの4，000万円の借入は不安に感じない人もいます。

おそらく土地神話を生きた親の代からの刷り込みだと思いますが、負債でしかない住宅に何も考えずに高額のローンをするほうが、よほどリスクが高いと思うのですが…。

第6章　引継ぎを成功させる方法(2)

1　分割対策

相続財産を分けるときには、「平等」ではなく、「公平」に分けなさいといわれます。相続財産がすべて現金であれば、単純に等分することができますが、相続財産に対する不動産の割合が高い場合、単純に等分することが難しくなります。

平等を追求すると、すべての不動産を共有名義にすれば解決するのでしょうが、不動産の共有は先ほども書いたとおり、百害あって一利なし、争続のもとです。

「平等」ではなく、「公平」を意識した分け方を意識し、その分け方を遺言書で残しておくことが大事です。

その遺言書には、３種類あります。

(1)　自筆証書遺言

文字どおり、遺言者本人が自分で書いた遺言書のことです。

自筆証書遺言では、遺言書の全文と日付・氏名をすべて自分の手で書き、押印する必要があります。費用もかからず、立会人も必要ありません。

また、内容を誰にも知らせずにすみます。しかし、自筆証書遺言は、書き方や内容に問題があり、法的な効力がなかったり、それが本人の直筆なのかをめぐって争いになったりと、トラブルになることが多いです。

保管場所についても、わかりにくい場所だと、発見されない可能性があります。逆に、誰にでもわかりやすい場所に保管してあると、勝手に開けられてしまい、自分に都合の悪いことが書いてあった場合、誰にも気づかれないように捨ててしまう可能性もあります。

加えて、相続発生後には、開封せず、それを家庭裁判所に持って行き、「検認」の申立てを受けなければいけません。

⑵　公正証書遺言

「公証人」と呼ばれる専門家が作成する遺言書のことです。

公証役場において、遺言者と立会人２人同席のもと、遺言者が口述した内容を公証人が筆記して遺言書を作成します。

原本は、公証役場で保管されるので、紛失することはありません。費用と手間がかかりますが、安全確実なのは公正証書遺言です。

⑶　秘密証書遺言

公証人や立会人にも内容を知らせずに、遺言書の所在だけを明らかにする遺言書のことです。

遺言書の内容は、自筆でも代筆でもかまいませんが、署名だけは自筆でないといけません。必ず封をし、公証役場に持っていき、2人以上の立会人のもと、提出します。

誰にも内容を知られず遺言書の場所を確実にできますが、自筆証書遺言と同じように、書き方や内容に問題があると法的な効力がなかったり、開封する場合、家庭裁判所の検認が必要になります。

遺留分を念頭に

ただし、法定相続人が最低限、相続を受ける権利として「遺留分」を認めているので、遺言をしていても、相続争いを完全に防ぐことはできません。

配偶者と子が相続人の場合、それぞれ本来の法定相続分の2分の1が「遺留分」となります。直系尊属である父母は3分の1、第三順位の兄弟姉妹には認められていません。

遺留分を侵害した配分の場合に、納得できない法定相続人は、遺留分の割合に足りない金額をもらえるように、請求することができます。これを「遺留分減殺請求」といいます。

「遺留分減殺請求」があると、遺産の配分をやり直すことになり、話合いがまとまらないと家庭裁判所で争うことになります。

こうならないためにも、基本的には、法定相続人に遺留分を侵害しない遺言書を書くことが大事です。もし、遺留分を侵害する内容の遺言書を書くのであれば、遺留分を侵害される法定相続人と話をし、納得していただく必要があります。

また、不動産を相続しない人には、不動産の価値に見合った現金を用意しなければならない場合もあります。

相続するほとんどの資産を事業に活用している場合、平等に（均等に）分けてしまうと事業に支障が出てしまいます。株式会社の場合も、株を均等に分ければいいように感じるかもしれませんが、株が分散し、経営の意思決定がスムーズに行うことができなくなります。

【図表30　遺言書が必要な人】

◆遺言が絶対に必要な人は

事実婚、孫など、相続人以外に財産を渡したい人

◆遺言が必要な人

子供がいない配偶者

自宅で稼業を営んでいる人

親の介護をしている人

行方不明の推定相続人がいる人

二世帯住宅に住んでいる人

異母（父）兄弟姉妹がいる人

推定相続人に多重債務者がいる人

相続税の申告が必要な人
◆遺言があったほうがいい人
事業承継者になる人
家系を維持したい人
姉多くして長男末っ子の人

2 納税資金対策

納税資金対策としては、10か月以内に相続税を現金納付することが原則ですので、納付期限までに、どのようにして納税資金を用意することができるかが大事になります。

まず、十分な預貯金があればいいのですが、ない場合は、生命保険に加入しておきます。死後保険金で払えるようしておきます。また、相続発生後に不動産を処分して納税資金にするというのも1つです。

ここで注意していただきたいのが、10か月以内に売却し、納税するというのは、効率よく進めないと間に合わないということです。

相続が発生してからどの土地を売却しようと考えていたのでは、間に合いません。また、隣地との境界が確定していないと売ることもできません。そして、立地や敷地の大きさも考慮する必要があります。

住宅地であれば、地域により売れやすい大きさが決まっています。

例えば、３００坪の土地を普通のサラリーマンは買いません。最近は、法人も土地を所有するのではなく、定期借地が多くなっているので、地方だと分譲デベロッパーくらいしか買いません。

分譲デベロッパーは、少しでも安く仕入れ、少しでも高く売ることで利益が出ます。そのため、必ず売却理由を調べます。

相続であれば、相続人に期限がありますので、安く仕入れることができるのです。期限が迫り狼狽売りしないように、売る土地を明確にし、売れる状態で保有することが大事です。

なお、売却予定地に賃貸アパートを建ててはダメです。賃貸アパートを売りに出すと、利回りからの逆算で値決めされるので、安くなってしまいます。

3　相続対策のタイミングは？

相続対策は、いつしたらいいのでしょうか。

被相続人の寿命がわかれば、それに間に合うように対策すればいいのですが、その日時は誰にもわかりません。

また、寿命だけでなく、認知症の問題があります。認知症になってしまうと、資産の組み換え、贈与、遺言等、ほぼ生前の相続対策はできなくなります。

以前は、認知症になった相続人の手を持って融資書類に署名したという話（あくまでも噂です）もありましたが、コンプライアンスの厳しくなった現在では、意思確認と本人による署名、捺印を複数人で確認することが必須になっています。

時間をかけて後見人をたてる方法もありますが、残された家族にとってメリットがある対策でも、被相続人のとって明確なメリットがない対策は、後見人がいても認められないことが多いようです。

また、柔道の有段者で健康そのものだった方が、ある朝、いつまでたっても起きてこないので、家族が見に行くと脳梗塞で亡くなっていたというような、誰よりも長生きしそうな方が突然亡くなる例は少なくありません。もちろん、相続対策は全くしていませんでした。

他にも、高齢者の状況判断が鈍ってくると自動車の運転で、事故を起こしやすくなります。相続の発生時期がわからない以上、少しでも早く、取りかかることが大事なのではないでしょうか。

4　相続殺人？

平成27年1月1日より、相続税法改正により、基礎控除額が4割減り、課税対象者が4％から6～7％に増えることになりました。

【図表31　税制改正で相続は増税に】

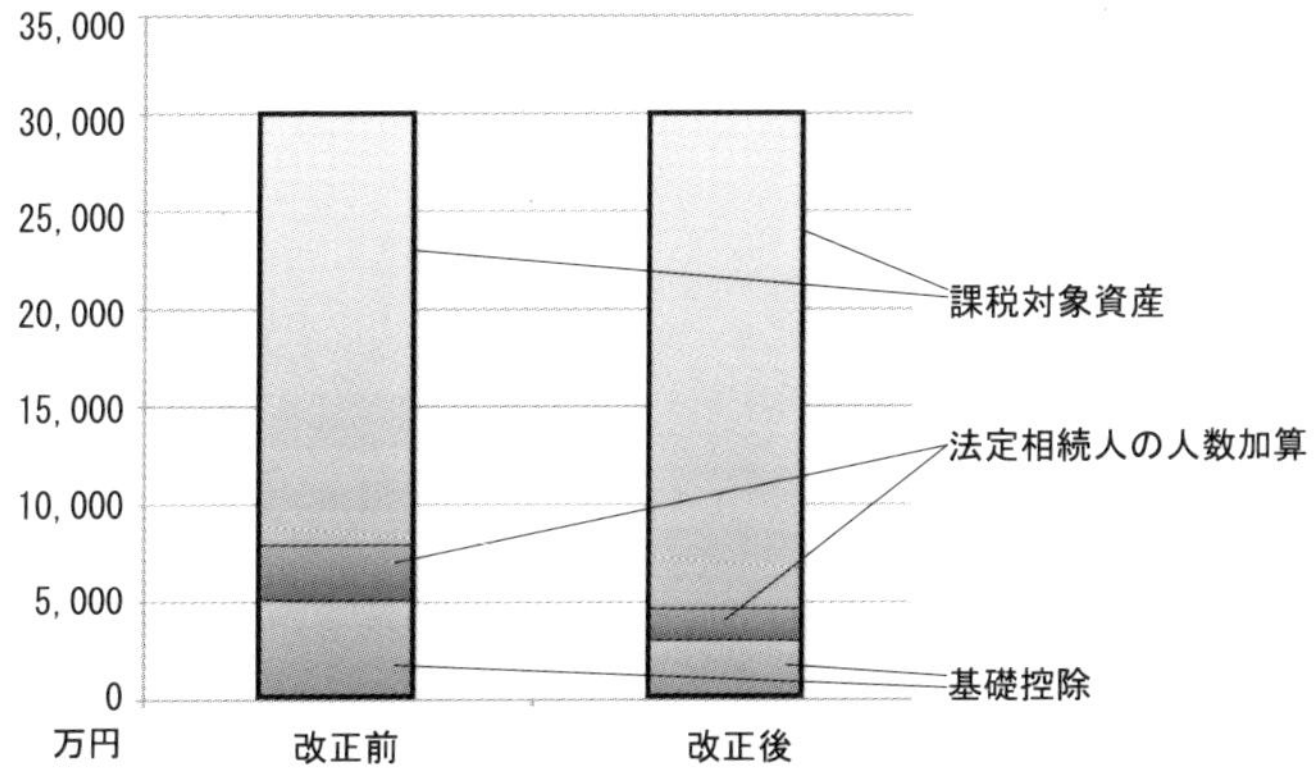

また、もともと相続税がかかる方は、相続税の増税になりました。

例えば、

・相続財産合計　３億円
・配偶者　　　　有
・子供　　　　　２人

の場合、改正前だと相続税が約2，３００万円、改正後だと約2，８６０万円になり、約５６０万円ほど増えることになります。

改正前に話していたのが、平成26年の大晦日の紅白歌合戦の途中で亡くなるのと、終わって除夜の鐘がなり終わってから亡くなるのかで、ほんの数分の違いで５００万円以上差があるということでした。

紅白歌合戦の途中で、被相続人が、喉に餅をつまらせたら、助けない人もいるのではという冗談を言っていたのです。

ただし、毎年路線価は変わりますし、税制も変わることがありますし、家族構成も変わることがあります。何年も前に相続税課税額を計算したから、ＯＫではなく、毎年、概算でも計算し直し、現状を把握することが大事です。

5 遺産分割協議がまとまらないと

相続争いが起きてしまって遺産分割がまとまらない場合は、申告期限までに「未分割」で申告することになります。

各相続人の相続分が確定していないので、相続税の減額が期待できる配偶者控除や小規模宅地の特例が適用できず、いったん高額な相続税を納めなくてはなりません。

その後3年以内に遺産分割協議がまとまり、再度申告すれば還付されますが、その期限内にまとまらなければ、本来払わなくてよかった高額な相続税は戻ってきません。

6 最適分配比率

かなりの資産を持っていた父親が死亡したとします。通常は、母親と子がその財産を引き継ぎますが、ここでまず最初の相続税が課税されてきます。これを一次相続といいます。

しかし、相続は、これだけで終わることはありません。数年後にその母が死亡すると、最初の相続時に母親が取得した財産は、子に引き継がれることになり、ここで再び相続税が課税される可能性が出てきます。これを二次相続といいます。

このように相次いで相続が起きることを相次相続といいます。相続税が課税されるのは、人生で1回だけとは限らないのです。

例えば、次の場合、一次相続だけでなく、2度に渡る相続で発生する相続税がどれくらいの額になり、最適な分配の比率はどれくらいなのでしょうか。

・被相続人（父親）の財産　2億5千万円
・子の人数　2人
・二次相続の発生時期　12年目
・配偶者固有の財産　2億5千万円

最大は、配偶者に100％の場合で、一次、二次相続の総合計で、1億6,639万円です。最小は、配偶者に0％の場合で、8,890万円です。最大と最小の差は、7,749万円です。

また、法定相続分の50％で相続した場合は、1億1,905万円で、3,015万円の差があります。

最初の配偶者への配分割合によってかなり最終税額も異なってきます。

何も考えずに、法定相続で分配するのではなく、税理士さんにどの配分がベストなのか、シミュレーションしてもらった上で決定することが大事です。

【図表 32　一次相続と二次相続の税額比較】

単位：万円

割合	一次相続税額			二次相続税額			総合計
	配偶者	子供	合計	子供	控除額	合計	
0%	0	3,970	3,970	4,920	0	4,920	8,890
10%	0	3,573	3,573	5,920	0	5,920	9,493
20%	0	3,176	3,176	6,920	0	6,920	10,096
30%	0	2,779	2,779	7,920	0	7,920	10,690
40%	0	2,382	2,382	8,920	0	8,920	11,302
50%	0	1,985	1,985	9,920	0	9,920	11,905
60%	0	1,588	1,588	10,920	0	10,920	12,508
70%	238.2	1,191	1,429.2	11,920	0	11,920	13,349.2
80%	635.2	794	1,429.2	12,960	0	12,960	14,389.2
90%	1032.2	397	1,429.2	14,085	0	14,085	15,514.2
100%	1492.2	0	1,429.2	15,210	0	15,210	16,639.2

【図表 33　一次相続と二次相続の割合】

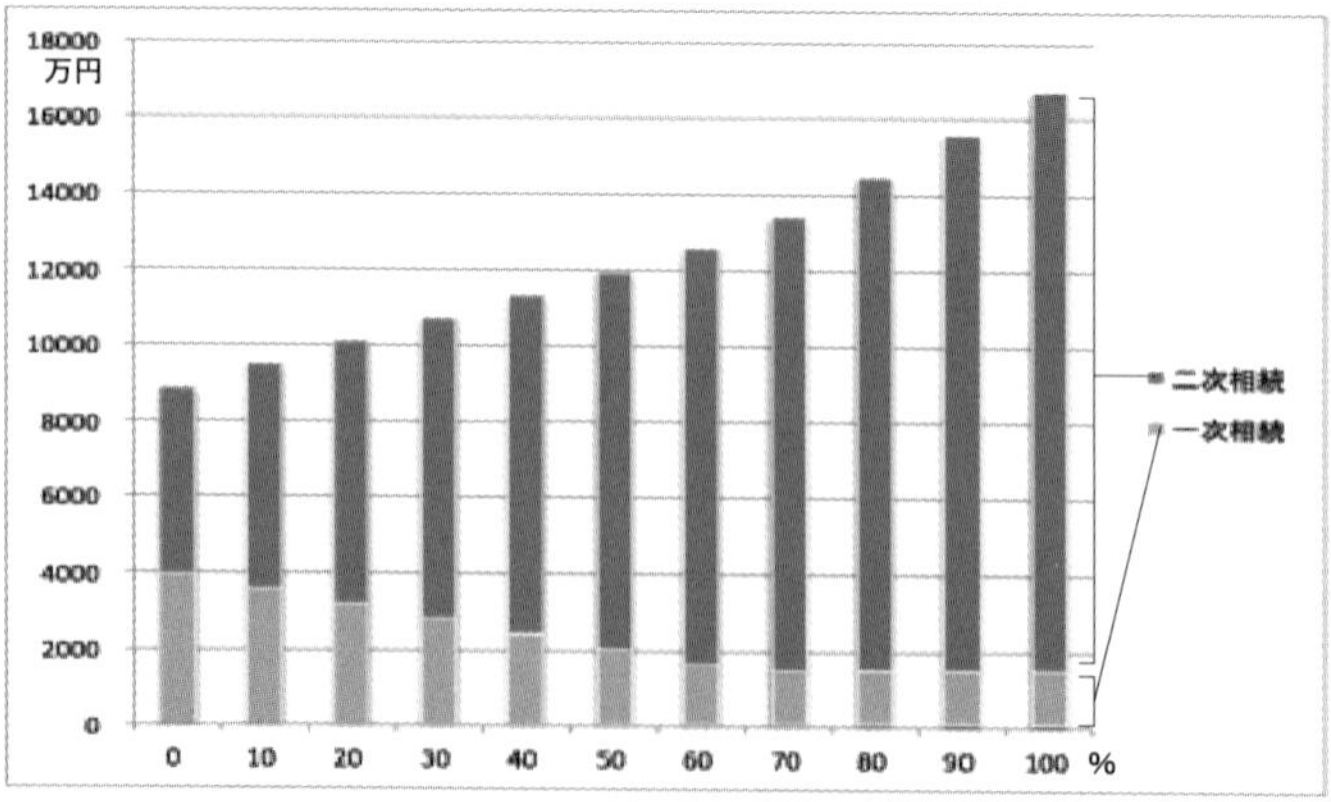

7　建築中に施主が亡くなった場合

相続対策として、賃貸アパート建築中に施主（被相続人）が亡くなった場合の相続対策効果は、どうなるのでしょうか？

この場合は、建物の出来高相当額の70％で建物を評価することになります。

賃貸アパートは完成しておらず、当然、入居者もいないので、貸家の評価にはならず、土地も貸家建付地評価にはなりません。

出来高に応じて出来高相当額を払っていた場合、出来高に対する支払いの30％相当分相続税評価額を下げることができます。

例えば、工事代金5，000万円で出来高相当額が3，000万円の場合、工事中の賃貸アパートの相続税評価額は、

3，000万円×70％＝2，100万円

になります。

出来高以上に支払いをしていると、その差額は、前渡金として相続税の課税財産にプラスすることになります。

逆に、出来高までの支払いがされていない場合、未払金は相続債務となります。

8　相続放棄と限定承認

資産を相続するはずが、実は借金のほうが多かったということがあります。つまり、アパート・マンション経営がうまくいかず、多額の借金はあるが現金はほとんどない、修繕をしないといけない時期だがそれもできず空室がどんどん増えている、家賃も大幅に下落している、計算すると明らかに借金のほうが多い、といった状態で、相続する意味がないのです。

このような場合は、相続放棄、もしくは限定承認を知っていると、その後の人生が大きく変わります。相続放棄とは、財産も借金もすべて相続しないことで、3か月以内に家庭裁判所に相続放棄の申立をすると、財産をもらうことはできませんが、借金も返す必要がなくなります。相続の放棄は、1人でもできます。

限定承認とは、被相続人の財産の範囲内で借金を相続することです。例えば、相続後に借金のほうが多いとわかっても、相続した財産の範囲内で借金を返せばいいのです。こちらも、相続開始から3か月以内に家庭裁判所に申立をしなければなりません。限定承認は、相続人全員で申し立てる必要があります。

なお、3か月以内に申し立てないと、単純相続したものとみなされます。したがって、相続開始前に、資産・借金がどれくらいあるのかを把握し、事前に計画を立てておく必要があります。

第7章　引継ぎを成功させる方法(3)

1　物納します！

いまだに「相続税は物納するから大丈夫」と言われる方がいらっしゃいます。以前は、物納も認められていたので、その当時のイメージだと思うのですが…。今は、物納がほとんど認められなくなり、借金してでも相続税を納めなさいというようになっています。

ちなみに、平成10年の物納申請件数は７，０７６件、許可は４，５４６件でしたが、平成26年は物納申請件数１２０件、許可88件と激減しています。

それは、２００６年以降、物納制度が厳格化されたからです。

物納の条件の１つに、所有する現金・預貯金では支払いきれない場合という項目があります。

しかし、以前は、家を新築する予定がある等、理由をつければ手元に現金・預貯金があっても、物納が認められていました。ところが、現在は、最低限の生活費以上の現金・預貯金を残しての物納が認められることは、とても難しくなっています。

また、分割して相続税を納める延納もありますが、市中金利より高い金利がつきますので、売却の目処が立っていない限り選択すべきでないかと思います。

物納制度は、10か月以内に現金一括納付ができない場合のセーフティネットの役割を持っていましたが、厳格化でそれが期待できなくなった現在、長期的な計画・対策の実行が不可欠です。

【図表 34　物納の推移】

区分	年度	申請	処理				処理未済
			許可	取下げ等	却下	小計	
件数	7	8,488	9,185	2,905	22	12,112	13,492
	8	6,841	6,240	2,723	34	8,997	11,336
	9	6,258	4,973	2,118	29	7,120	10,474
	10	7,076	4,546	1,832	20	6,398	11,152
	11	7,075	4,713	2,044	28	6,785	11,442
	12	6,100	4,556	1,939	37	6,532	11,010
	13	5,753	4,844	1,698	27	6,569	10,194
	14	5,708	4,479	1,690	31	6,200	9,702
	15	4,775	4,545	1,687	28	6,260	8,217
	16	3,065	3,639	1,651	24	5,314	5,968
	17	1,733	2,730	1,169	21	3,920	3,781
	18	1,036	2,094	861	16	2,971	1,846
	19	383	1,114	234	22	1,370	859
	20	698	704	149	27	880	677
	21	727	711	149	54	914	490
	22	448	503	103	46	652	286
	23	364	317	98	27	442	208
	24	209	205	55	45	305	112
	25	167	132	38	29	199	80
	26	120	88	25	18	131	69
金額	7	6,610	7,921	3,004	42	10,967	17,515
	8	4,654	5,143	2,839	25	8,007	14,162
	9	4,340	4,121	2,028	32	6,181	12,321
	10	4,606	3,426	1,577	13	5,016	11,911
	11	4,300	3,265	1,617	15	4,897	11,314
	12	3,510	3,025	1,619	47	4,690	10,134
	13	3,261	2,963	1,312	37	4,311	9,084
	14	3,325	2,661	1,379	13	4,053	8,356
	15	2,321	2,804	1,302	24	4,130	6,547
	16	1,288	1,899	1,151	9	3,059	4,777
	17	817	1,464	835	32	2,331	3,262
	18	472	1,334	525	9	1,869	1,866
	19	235	927	254	10	1,191	910
	20	564	693	109	23	825	650
	21	654	773	108	32	912	392
	22	302	371	60	38	469	225
	23	310	232	76	13	322	212
	24	87	183	47	11	241	58
	25	79	54	18	2	74	62
	26	286	265	20	16	301	47

（注）　1億円未満の端数処理（四捨五入）をしたため、「処理」欄の小計の金額と、その内訳の合計とは符合しない。 InstanceEndEditable

2　贈与の方法

相続税対策の1つに贈与があります。親から子へ財産を移すことで税金を減らす方法です。生前に贈与することで、争続も未然に防ぐ効果もあります。

また、相続だと財産を受け取ると、当然の権利と感じ、親への感謝の気持ちが薄くなる可能性がありますが、贈与の場合、直接受け取るので、感謝され、その気持ちも伝えることができるメリットがあります。

しかし、贈与税の税率は、相続税より高く設定されているので、注意が必要です。

贈与税の制度は、「暦年課税制度」と「相続時精算課税制度」とあわせて、次の4つがあります。

(1)　暦年課税制度

「暦年課税制度」は、年間に1人110万円を超える金額に税率をかけて、計算します。

毎年110万円以下、もしくは110万円を超え多少贈与税が掛かるくらいで、長期にわたって行えば、親の財産を子どもにうまく移すことができ、相続税を減らすことができます。

注意する点は、贈与はあげる人が「あげます」と意思表示し、もらう人が「もらいます」という意思表示、合意が必要です。後からこれを証明するためにも、贈与契約書をつくっておいたほうが安全です。

よく問題になるのが、「名義預金」です。親が贈与のつもりで、子や孫の名義で定期預金を積み立てていても、預金の存在を子や孫に伝えていない場合があります。

無駄なことに使われてしまうのを心配して伝えていないのですが、存在を知らなければ「もらいます」の意思表示はできませんから、税務上認められず、相続税の対象となります。

さらに、仮に子や孫が存在を知り、「もらいます」の意思表示をしていても、親が預金通帳と印鑑を管理し、子や孫が自由に引き出すことができない場合も、贈与と認められない可能性が高いです。

また、税務調査では、この部分を特にチェックされます。

なお、相続開始3年前までの贈与は、相続税の課税対象になるので、計画的に、早めに始めるべきです。

(2) 相続時精算課税制度

「相続時精算課税制度」は、贈与された財産1人2，５００万円まで非課税になり、相続時にその分を相続税に含め精算する制度です。

この制度は、実際の節税効果はほぼゼロです。メリットがあるのは、もともと相続税がかからない場合には、相続発生前に効果的に財産を移すことができるという点です。

また、贈与時の評価額で相続税に加算されるので、価格下落が予想される財産は注意が必要です。

(3) 配偶者控除の特例

「配偶者控除の特例」は、婚姻期間20年以上の配偶者に自宅などの居住用不動産、または居住用不動産を取得するための金銭の贈与が行われた場合、基礎控除のほかに2，０００万円まで控除できる制度です。

⑷　教育資金贈与

「教育資金贈与」は、平成31年12月31日までの時限立法にはなりますが、30歳未満の子や孫に、授業料等の教育資金を一括して贈与した場合には、1人当たり1，５００万円まで非課税で贈与できる制度です。

これについては、そもそも論になるのですが、「扶養義務者から被扶養者への教育費の贈与は贈与税の課税対象外なのです。

また、教育資金の一括贈与の場合、30歳までに使いきらないと、残った分に対して贈与税がかかるので、あえて活用するメリットは少ないように感じます。

生前贈与は、相続税の節税対策としては、メリットがありますが、子や孫のファイナンシャルリテラシーや倫理観が未熟なうちに多額の財産を与えられると、人生感や人間性に問題が生まれ、財産を与えられる前より不幸になる可能性もあるので、慎重に検討しないといけないです。

3　賃貸割合

自分が所有する土地にアパートやマンションを建て、それを他人に貸した場合、貸家建付地評価になります。あくまでも、借りている人がいることが前提になります。

賃貸割合とは、入居率のことで、10部屋中8部屋がうまっていれば、80％です。

１００％の賃貸割合を認めてもらいたいばかりに、家賃をかなり下げて募集される方がいますが、空室があっても、継続して入居募集が続けられていれば、基本的に賃貸割合１００％として認めてもらえます。

4　築古アパートの贈与

築古アパートの建物部分を子どもに生前贈与することで、親の相続財産を減らすことができます。

また、建物が子どもに移ることで、そこから発生する家賃収入は子どもの所得となるので、築古アパートの家賃収入による親の財産が増えることはなくなります。

さらに、所得分散が図れるので、毎年の所得税、住民税軽減にもなります。

築古アパートなら、建物の固定資産税評価額もかなり低くなっているので、暦年課税による贈与でも少ない贈与税で移すことが可能です。

アパートと一緒にローンまで子どもに引き継いでしまうと、「負担付贈与」になり、かなり少なくなった固定資産税評価ではなく、時価評価になるので、極力ローンが完済したアパートのほうがいいです。

また、入居者からの敷金（預かり金）がある場合は、アパート贈与時に敷金も同時に移しておかないと、「負担付贈与」になります。
子どもは、毎年、親に土地の固定資産税相当額だけを払うことにより、借地権課税等は発生せず、土地の使用貸借とみなされます。

【図表35　設例例】

建物の固定資産税評価額　1，500万円
毎年の家賃収入手取り額　300万円
土地の路線価　10万円／㎡　土地の面積　300㎡
借地権割合　60％　借家権割合　30％
相続発生時期（贈与後）10年後

A　何もしない場合

・建物の相続税評価額＝1，500万円×（1－借家権割合0・3）＝1，050万円①
・土地の相続税評価額＝300㎡×10万円／㎡（1－借地権割合0・6×借地権割合0・3×賃貸割合1・0）＝2，460万円②
・相続までの家賃収入＝300万円×10年＝3，000万円③
①＋②＋③＝6，510万円

Ｂ　アパート（建物）を子どもに生前贈与した場合

・建物の相続税評価額＝０①

（すでに建物は、子ども名義になっているため）

・土地の相続税評価額＝３００㎡×10万円／㎡＝３，０００万円②

（子どもに使用貸借しているため、自用地評価）

①＋②＝３，０００万円

相続税評価額の減額効果　Ａ－Ｂ＝３，５１０万円

相続税の減額効果（相続税率50％場合）３，５１０万円×50％＝１，７５５万円④

建物の贈与税＝１９２万円（贈与額１，０５０万円、平成27年の税率による）⑤

④－⑤＝１，５６３万円

親の相続税評価額を、３，５１０万円減らすことができ、それに伴い相続税額を１，７５５万円減額することができます（相続税率50％の場合）。

アパート（建物）を贈与するときに、１９２万円の贈与税が発生しますが、それを引いても合計で１，５６３万円相続税を軽減することができます。

相続時精算課税制度を使うと、借家権割合を控除した後の建物評価額が２，５００万円まで

なら贈与税はかかりません。

ただし、親の相続時にその金額が親の相続財産に計算上加えられるため、相続税の節税効果はありません。

なお、これらの方法を実行される場合には、必ず税理士等の専門家にご相談ください。


また、新築アパートを現金で建て、贈与する場合も、同様に評価が下がりますので、単純に土地代とアパートを建てる現金をそのまま贈与するのではなく、評価の低いものに変えて、加工して渡すことで節税になります。

5　相続に伴う様々な手続とそれに必要な準備

相続の発生により、様々な手続をする必要があります。

主要なものだけでも、
① 死亡届、世帯主変更届、などの基本的な手続
② 生命保険、退職金などを、もらうための手続
③ 不動産、自動車保険、有価証券などの、名義変更手続
④ クレジットカード、携帯電話などの、解約手続

【図表 36　評価減対策効果の比較】

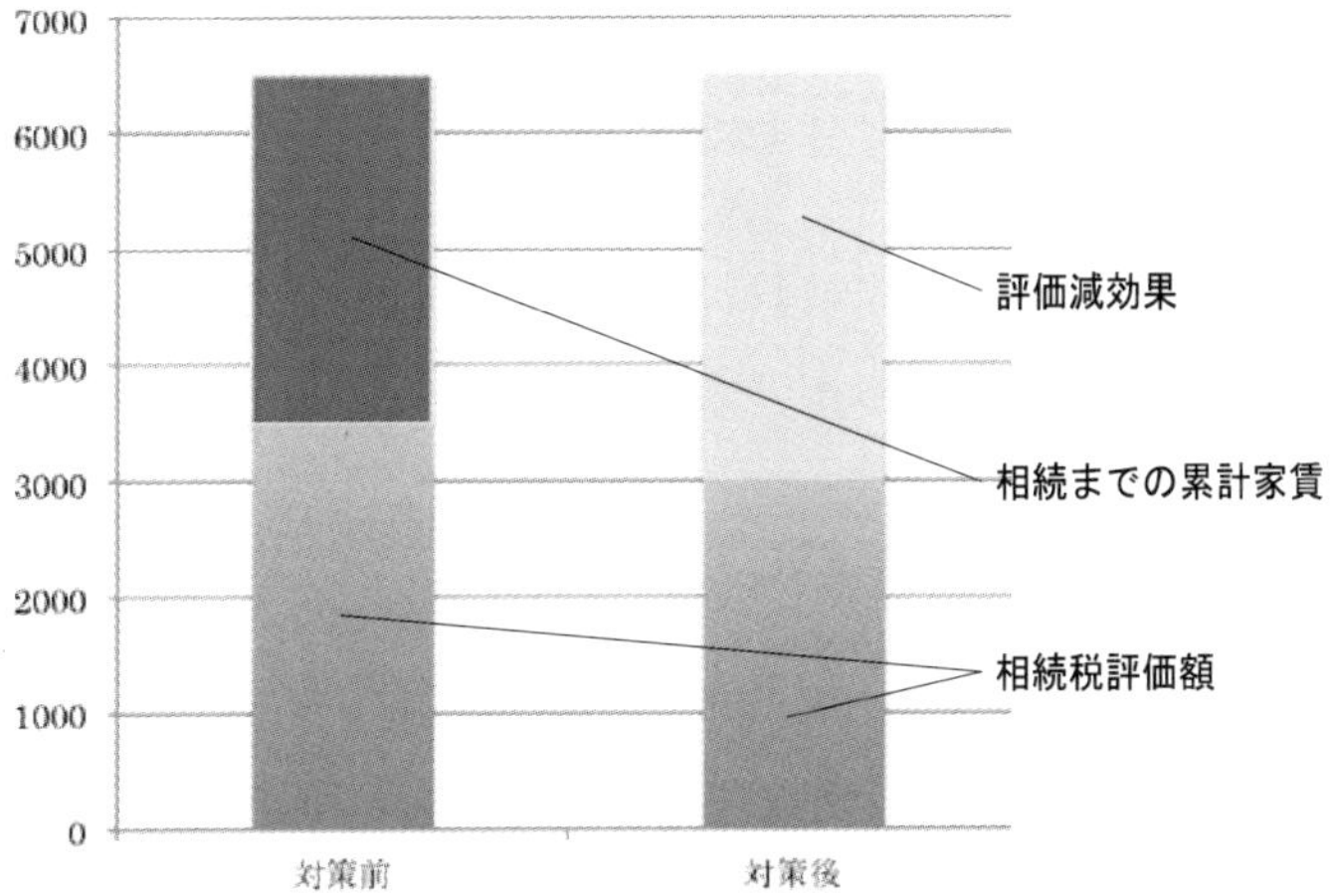

【図表 37　贈与税の税率】

右記以外の通常の場合			直系尊属→20歳以上の者の場合		
基礎控除及び配偶者控除後の課税価格	税率	控除額	基礎控除及び配偶者控除後の課税価格	税率	控除額
200万円以下	10%	—	200万円以下	10%	—
300万円以下	15%	10万円	400万円以下	15%	10万円
400万円以下	20%	25万円	600万円以下	20%	30万円
600万円以下	30%	65万円	1000万円以下	30%	90万円
1000万円以下	40%	125万円	1500万円以下	40%	190万円
1500万円以下	45%	175万円	3000万円以下	45%	265万円
3000万円以下	50%	250万円	4500万円以下	50%	415万円
3000万円超	55%	400万円	4500万円超	55%	640万円

基礎控除額が 110 万円あるので、年間 110 万円までは贈与税はかかりません。
贈与税額＝（贈与を受けた財産の価格の合計－基礎控除額）× 税率

⑤　相続人の準確定申告などの手続があります。

その中で特に困るのが、預貯金口座です。金融機関に相続の発生が伝わると、被相続人名義の口座が凍結され、お金が引き出せなくなります。当然、賃貸アパートの家賃振込口座もです。口座からお金を引き出すのは、相続人全員の同意が必要になるのと、相続人全員の実印、印鑑証明書などを準備しないといけなくなります。

事前に銀行通帳や生命保険証書などの保管場所を被相続人から生前に聞いておかないと、困ることになります。

6　加算制度

相続財産を取得した人が、配偶者や子ども、親以外の場合、その人が取得した相続財産に対する相続税額に20％の税額がプラスされます。

子どもではなく孫が相続財産を取得する場合、本来、孫に相続財産が移るまでに2回の相続税が課税されるところ、1回分を回避している、また本来相続財産を取得する権利のない人が取得した等で加算されます。

ただし、子どもが先に亡くなり、代襲相続人となった孫、養子、養親は、民法上一親等の血族になり、加算されません。しかし、養子縁組をした孫には、２割加算かれます。

7 遠方の不動産

遠方の不動産、特に県外のある実家はどうすればいいのでしょうか。

２０１５年2月に施行された「空き家対策措置法」では、著しく保安上危険となる恐れがある空き家、著しく衛生上有害となる恐れがある空き家に対して、強制的に対処できる規定が設けられました。

そして、行政からの助言や指導を受けても改善しないと、住宅用地としての固定資産税の特例から除外され、土地の固定資産税が6倍になる可能性があります。

また、建物の状態によっては、解体費用所有者負担で、行政代執行により解体されることもあります。

もちろん、両親が住んでいる場合は問題ありませんが、お亡くなりになり、相続した場合には、どのようにするのか方向性を検討し、明確にする必要があります。

⑴　将来、退職後に実家に帰り住む

相続人からすると、以前住んでいたので地元に帰る感覚ですが、お子さんがいる場合、お子さん

の地元は現在住んでいる場所であり、実家はお盆と正月に行く祖父母の家という感覚です。また、奥さんにとっても、県外に出た後に知り合ったのであれば、同じ感覚でしょう。すでに現在の住んでいる場所に、友人知人がいて、いろいろなつながりができています。もちろん、会社の異動等、必要性、引越しの期限（いつまでに）等があれば別ですが、そうでもない…。

さらに、現在住んでいる住居が、賃貸ではなく、所有する家、マンションであった場合、それをどうするのかという問題も出てきます。

本当に退職後に実家に帰り住むのか。その場合、夫婦で住むのか、子どもも連れていくのか、（子どもの年齢により、様々だと思いますが）家族で話し合っておく必要があります。

(2) 年間数回帰省し、清掃・草刈り等の管理、また建物の状態によっては、都度お金をかけて直すのか

住んでいない建物は、建物の老朽化が加速します。あまり空気の入替えもされず、また、何か不具合（雨漏れ、水漏れ、台風等による破損等）が起きても、発見が遅れ、被害が拡大します。その都度お金をかけ、修繕工事をしていくのか、また草刈り、そして立派な庭があれば庭師さんを入れ、定期的に剪定するのかを検討します。

さらに、遠方であればあるほど、時間と交通費がかかります。そして、現在の住居が所有する家、マンションであれば、２軒の建物を所有することになるので、維持修繕費も2倍になることを考慮する必要があります。

⑶　売却する

そのままの状態、もしくは建物を解体し、更地として売却する方法です。住まない実家の売却希望物件は、たくさんありますので、立地がよくないと二束三文でしか売れないことが多いです。ただし、毎年かかる固定資産税、都市計画税、維持修繕費、ライフラインの基本料金等を考慮すると、いずれ手放すのであれば、まだ値段が付く少しでも早い時期のほうがいいのかと思います。

⑷　貸家として貸す

そのままの状態、もしくはリノベーションして貸家として貸し出す方法です。賃貸需要がある立地であれば、リノベーション工事をし、その地域の相場家賃で貸し出します。

また、少し立地が悪ければ、住める状態にだけして、格安で貸し出すのです。

入居者がいれば、無管理状態として指導もされず、固定資産税の特例から除外されることからもまぬがれます。

⑸　解体し、戸建賃貸、もしくはテラスハウスを建てる

立地がよく、賃貸需要も見込めるのであれば、解体し、戸建賃貸もしくはテラスハウスを建て、賃貸経営を行います。将来的には、入居者等に収益物件としてではなく、住宅として売ることも視野に入れ、計画します。

8　新築ワンルームマンション

「将来の年金代わりに東京の新築ワンルーム区分マンションを買いませんか」─地方にいても、営業の電話がかかってきます。即答でお断りしますが、結構買っている人がいるみたいです。

借入で購入するので、キャッシュフローがマイナスになり、自己資金すら返済が終わる30年後にしか回収できないので、投資として成り立っていません。

「損益通算して、所得税の節税になり、完済後には年金代わりになります」ということですが、30年間持出しを続けると、かなりのマイナスになっています。

さらに、借入金の減少より物件価値の減少のほうが早い傾向があるので、売却しても残債が残る可能性があります。

また、複数の部屋を所有していればいいですが、1戸だけだと、空室になるとマイナスがさらに拡がります。

それに、家賃を維持し、満室を続けるためには、古くなったときに、室内の修繕、リノベーションが必要になります。

しかし、元々マイナスなのに、さらに持出ししてリノベーション工事しても、回収することもできません。

建設会社、不動産会社へのチャリティーならいいですが、そうでなければ、新築ワンルーム区分マンションは、すべきでないでしょう。

9　人気のタワーマンション節税

相続対策として、都心のタワーマンションによる節税が大人気です。

タワーマンションは、何十戸、もしくは何百戸の部屋がありますので、1戸当たりの土地面積はわずかになり、購入金額のほとんどは建物になります。

建物の相続税評価額は、固定資産税評価額になり、さらに賃貸にすることにより、借家権割合分を減額することができます。

加えて、基本的には最上階と低層階では、販売価格がかなり違いますが、固定資産税評価額は、面積が同じなら評価額も同じになります。

この販売価格と相続税評価額の差が、評価を下げることになり、相続税対策として人気の理由です。

実際に、相続税の節税効果はありますが、ただ下がった評価を戻すことは可能なのでしょうか。

平時であれば、問題ないと思いますが、現在の東京は、東京オリンピックを直前に控え、バブルの状況です。もちろん、タワーマンションもバブルを考慮した販売価格です。

そして、そのタワーマンションを買っている多くの方が、実際に住むのではなく、相続対策の方とキャピタルゲイン狙いの投資家です。

特に、中国を中心とした海外の方が多いようです。その方が、東京オリンピックの終了、もしくはそれ以前に、中国の景気悪化によりバブルが弾けたらどうなるのでしょうか。

相続税対策にはなりますが、その節税金額以上に、売却金額が下がったらどうでしょうか。タイミングを間違うとババを引きそうですが、バブル崩壊前のタイミングと、コントロールできない相続のタイミングを合わせることが、できるのでしょうか。

10　チームをつくる

父親が賃貸経営をしていると、不動産会社であったり、税理士であったり、内装業者であったりいろいろな繋がりがあると思います。それぞれのパートナーがしっかり機能していれば、そのままよい関係を続けていけばいいと思います。

しかし、地方に行くほど顕著ですが、今の時代にあった仕事、成果を出す仕事をしていないのに、惰性で付き合っている方が多いです。長い付合いだから、長期間空室でも、不動産会社に何も言えない。インターネットに弱く、物件名で検索しない限り自分の物件に辿り着けない。もちろん、大手ポータルサイト（スーモ、ホームズ、アットホーム）では、見つけることができません。

また、時代にあったリノベーション工事ができない内装業者とつながっていたのでは、空室は埋まりません。いまだに手書きの税理士などは、いろいろなシミュレーションができないので、どれがベストの選択か判断できません。

今までの付合いがあるから何も言えない、不動産会社を変えることもできない―それが、検討した結論であれば、その方の価値観なのでいいと思います。

でも、問題の先送りでしかないのであれば、相続する方が不幸です。何もせずに、物件が新しくなり、満室になることはあり得ないのですから。

親子で賃貸経営にかかわり、お子さんが客観的に見てどうなのか、想いを共有し、努力してくれる協力業者なのか、賃貸経営のパートナーとしてふさわしい士業なのか、成果を上げるためのチームを早くつくり上げていかないと、時間が経てば経つほど、リカバリーするために費用と労力が必要になります。

そして、そのチームをつくるための人のつながりがすでにある人は問題ないですが、そうでない場合、同じ状況の大家のコミュニティー、大家塾や大家の会に参加してみることをぜひともおすすめします。

それぞれのコミュニティーごとに理念やビジョンも違いますので、自分にあったところに所属し、お互い成長できるようなつながりを持つといいと思います。

また、全体を体系的に学ぶために適しているのが、筆者も所属している一般財団法人日本不動産コミュニティーです。

健全な不動産市場の醸成のため、実際の経営に活かせる知識・ノウハウを「いつでも」「どこでも」「誰でも」学べるようにし、スキルを身につけた人たちが、そのスキルを活かし、社会全体に大きく貢献していく人と不動産のコミュニティーを実現することを基本理念に活動しているコミュニティーです。

机上の空論ではなく、実際に実践した実務を積み重ねたノウハウを学ぶことができ、また全国の意識の高い人のつながりを持つことができます。

11　大家さんの影響力

大家さんの地元に与える影響力は、大きいと思います。

例えば、ファミリー物件100戸のオーナーさんであれば、仮に平均4人家族だとすると、4人×100戸で、400人です。生活の基盤になる住居を400人に提供しているわけです。その物件に愛着を持てず、清掃もされず、古びた汚い物件に住んでいただくのか、400人の感情におおきな影響を与えるのではないでしょうか。

日々の生活に疲れるのか、大変な中でも、ほっとしたり、癒されたりして、暖かい気持ちを持って、職場、学校、地域に出かけるのかによって、周りに与える影響力、笑顔が広がっていくのではないでしょうか。

また、そのような思いを共有できる大家さんが、例えば同じ地域で、５人つながることにより、４００人×５倍＝２、０００人です。その人が前向きになれる住環境を提供できれば、地域の雰囲気は変わります。

案外、地域活性化の鍵は、大家さんなのかもしれません。

アパートに最新の設備が付いているかいないか、新築なのか、築30年なのか、家賃がどっちのほうが安いのか、といった条件検索で、部屋が選ばれるのではなく、あの大家さんの物件に住みたいと思ってもらえるのが、本当の空室対策なのかもしれません。

また、現在は、どこにでもあるような地域なのかもしれません。駅から何分が判断基準なのかもしれません。

しかし、前向きな大家さんがつながり、いろいろなチャレンジをする中で、地域が変われば住みたい地域になります。

少子高齢化、人口減少により、今は、下りのエスカレーターに乗っている状況です。何もせずに、立ち止まっていたのでは、どんどん下り続けていきます。前に進むことによってやっと現状維持ができるような状況です。

下りのエスカレーターを駆け上がるための変化を起こすためには、将来、引き継ぐ予定の２代目、３代目大家さんが、将来ではなく、今から、親と一緒にチャレンジすることが、大事なのではないでしょうか。

12　何のために

先祖代々の土地を守ることが目的の人はそれでもいいかと思いますが、家族、子孫の繁栄、そして幸せを願うのであれば、土地に縛られるのではなく、それぞれの土地を分類し、土地の広さを判断基準にするのではなく、資産価値を判断基準とすべきです。

資産を維持し、そして少しでも増やすことを考えるべきです。草ぼうぼうで、土地の管理すらできない土地、固定資産税だけを払う負債の土地を、いつ吹くかわからない神風を待つよりは、相場より安くても、その土地を活用し、価値を創れる方、価値を感じていただける方、喜んでいただける方に、バトンを渡したほうが、地主さんにとっても、買った方にとっても、地域にとっても、幸せなことではないでしょうか。

すべての不動産を今と同じ形で維持することは、日本の税制度から考えて、ほぼ無理なのではないでしょうか。

地主さんも、選択と集中が大事です。そして親の思い、子どもの思いをお互い伝え、コミュニケーションを図る中で、物質的なものだけでなく、その家族の文化を継承することが大事なのではないでしょうか。

《参考文献》

「不動産実務検定　2級テキスト」　一般財団法人日本不動産コミュニティー

「不動産実務検定　1級テキスト」　一般財団法人日本不動産コミュニティー

「不動産実務検定　マスターテキスト」　一般財団法人日本不動産コミュニティー

「ＨｙＡＡ　ＣＬＵＢ」　ＨｙＡＳ＆Ｃｏ．

おわりに

今回の出版のきっかけになった、同じＪ－ＲＥＣの仲間でもあります傍島啓介さん、そして、赤尾宣幸さん、小場三代さん、また、本書内容や作成にアドバイスいただいた福井大家塾の仲間に心より感謝申し上げます、本当にありがとうございます。

また、日頃からいろいろ学ばせていただいている、浦田代表をはじめとするＪ－ＲＥＣの皆様、税金部分について監修していただいた税理士の叶温氏、本当にありがとうございます。

そして、最後までお読みいただいた読者の皆様にも感謝いたします。

山口　智輝

著者略歴

山口 智輝（やまぐち　ともき）

アセットクリエイションズ代表。一般財団法人日本不動産コミュニティー福井支部長。福井大家塾理事。J-REC公認不動産コンサルタント。相続診断士。相続アドバイザー協議会認定会員。

不動産活用コンサル個人実績30億円。

大学卒業後、建設会社で、土地活用の飛込み営業を行う。とても辛かったが受注することにより、会社、社員、協力業者に喜んでいただき、やりがいを感じる。ただ、数年続けていくうちに、築3年程度で空室が発生したり、満室であっても借入をしていることに対するストレスで悩んでいる方を見て、お客様の悩み、問題を解決し、喜んでいただいているのだろうか－と疑問を持ち始める。そのときに、浦田健先生の書籍と出会い、とても自分の考えに近く共感を覚える。浦田健先生の言葉には、「あなたがもし営業マンだったら、大家さんには夢ではなく現実を語ってほしい。なぜなら、すべての責任は大家さんが負うことになるからだ。あなたが夢を語ってアパートを受注する限り、ダメな経営者をたくさん製造していることに早く気づいてほしい」とあった。「アパマン経営の事を本当に相談できる窓口となりたい」との思いで賃貸経営専門の不動産コンサルタントとして独立。また、会社を経営したことがない経営コンサルタントはどうなのだろうかという思いと同じように、賃貸経営をしたことがない、不動産コンサルタントは信用されないだろうとの思いから、競売で全室空室物件を落札。3か月で満室にし、現在も満室を継続中。

大家業を引き継ぐあなたへ

2015年11月20日初版発行　2025年1月17日第6刷発行

著　者　山口　智輝　© Tomoki Yamaguchi

発行人　森　忠順

発行所　株式会社 セルバ出版
〒113-0034
東京都文京区湯島1丁目12番6号 高関ビル5B
☎ 03（5812）1178　FAX 03（5812）1188
http://www.seluba.co.jp/

発　売　株式会社 三省堂書店／創英社
〒101-0051
東京都千代田区神田神保町1丁目1番地
☎ 03（3291）2295　FAX 03（3292）7687

印刷・製本　株式会社 丸井工文社

Printed in JAPAN
ISBN978-4-86367-236-9